华为核心竞争力系列 →

IPD
华为研发之道

刘选鹏◎著

深圳出版社

图书在版编目（CIP）数据

IPD：华为研发之道 / 刘选鹏著 . -- 深圳：深圳
出版社 , 2018.6 (2025.8 重印)

（华为核心竞争力系列）

ISBN 978-7-5507-2367-2

Ⅰ . ① I… Ⅱ .①刘… Ⅲ .①通信企业－企业管理－
经验－深圳 Ⅳ . ① F632.765.3

中国国家版本馆 CIP 数据核字 (2023) 第 064374 号

IPD: 华为研发之道
IPD: HUAWEI YANFA ZHIDAO

责任编辑　童　芳　易晴云
责任校对　赖静怡
责任技编　郑　欢
装帧设计　知行格致

出版发行　深圳出版社
地　　址　深圳市彩田南路海天综合大厦　（518033）
网　　址　www.htph.com.cn
订购电话　0755-83460239（邮购、团购）
设计制作　深圳市知行格致文化传播有限公司
印　　刷　深圳市希望印务有限公司
开　　本　787mm×1092mm 1/16
印　　张　12
字　　数　144 千字
版　　次　2018 年 6 月第 1 版
印　　次　2025 年 8 月第 15 次
印　　数　49001—55000 册
定　　价　48.00 元

前言

华为成功有什么秘密，有什么成功之道？

在我看来，就是花 20 亿元人民币引入 IPD（integrated product development 的缩写，意为集成产品开发，现已成为一套产品开发的模式、理念与方法），并由此建立了世界一流的研发管理体系。这套体系经过华为 19 年的消化、吸收以及优化，已经覆盖到华为的各业务体系和产品线，使华为成为最有竞争力、最具扩张能力且进入"世界 500强"的企业。在华为战略性地进入 IT（信息技术）产品、手机等新业务领域后，即使华为刚开发的产品竞争力不足，但只要这些业务在华为的 IPD 体系中持续运转，多梯次"进攻"，这些新业务很快就会在商业模式、产品竞争力和产品质量上超过竞争对手，而且是在速度、竞争力、技术等方面全面领先。能让一家大公司规模化地扩展业务，这就是"复制"流程体系的威力。

正如任正非所说，从 1998 年起，华为邀请 IBM（国际商业机器公司）等多家世界著名顾问公司，先后开展了 IT S&P（企业信息战略规划）、IPD、ISC（集成供应链）、IFS（集成财务转型）和 CRM（客户关系管理）等管理变革项目。先僵化，再固化，后优化。僵化是让流程先"跑"起来，固化是在"跑"的过程中理解和学习流程，优化则是在理解的基础上持续优化。经过十几年的持续努力，取得了显著的成效，基本上建立起一个集中统一的管理平台和较完整的流程体系，支撑华为进入了 ICT（信息、通信和技术）领域的领先行列。西方公司自科学管理运动以来，历经百年锤炼形成的现代企业管理体系，凝聚了无数企业盛衰的经验教训，是人类智慧的结晶，是人类的宝贵财富。我们应当用谦虚的态度下大力气把它系统地学过来。只有建立起现代企业管理体系，我们的一切努力才能导向结果，我们的大规模产品创新才能导向商业成功，我们的经验和知识才得以积累和传承，我们才能真正实现站在巨人肩膀上的进步。

对于企业来说，只有建立宏观的体系概念，才能让整个 IPD 流程处于可控、可调用的状态，才能使流程体系成为企业使命和战略的"使能器"。本书是业界首本从宏观视角透视 IPD 流程在公司管理业务体系运作方面的书，也是笔者在华为研发体系管理实践和业务变革实践 17 年的基础上进行的思考和总结，可以帮助研发型企业各级业务管理者（包括在职的业务管理者和将来要从事各级业务管理工作的人员）理解 IPD 流程。

书中主要从两个角度来透视世界一流的 IPD 研发管理流程和由 IPD 体系"承载"的企业业务体系：

第一个是纵向角度——从企业顶层设计开始进行透视，从愿景—使命—价值观—企业战略的顶层设计开始，一直到流程体系的建立和管理。利用自顶向下的层次化分解模型，企业可以依此思路梳理出自己的价值模型（价值实现模型），从而建立与顶层设计一致的流程体系。

第二个是横向角度——从企业价值实现的角度来透视 IPD 流程。对于企业来说，具备流畅的、高效的 E2E（端到端）的价值实现流程是非常重要的。本书通过分析商业实现过程和端到端的需求管理流程，来说明企业价值实现过程，从而帮助读者快速理解如何基于IPD流程来实现企业价值，如何将流程体系作为企业战略实现的平台，并通过企业战略的更新换代来实现企业的商业目标。

理解理论体系需要逻辑思维和系统思维，阅读理论书籍需要耗费大量的精力，但读者如果能从本书两个角度的分析中得到启发，或者因其中某个模型有所感悟，相信读者一定能够举一反三，得到更多的收获。

笔者从2000年起在华为研发体系工作了17年，长期从事产品研发管理、行业技术管理和业务变革工作，历经IPD关键流程，包括战略规划、业务规划、产品规划和技术规划、解决方案和产品设计、产品和系统测试、新产品导入和生产试制等环节；参与了联合创新项目和业务管理等活动；在三个产品BG（业务集团）负责产品管理、技术管理、行业管理和质量管理工作，负责过多个产品的业务和流程变革。因此对华为的业务变革和IPD流程衍化过程有着深刻而现实的理解。

华为，是笔者奋斗了17年的地方，也是得到快速成长的地方，在心中更是留下了深深的烙印。在此，对华为表示衷心的感谢，希望华为持续发展，取得更高的业绩！

在华为工作期间，公司的领导和同事在工作上给了我许多支持和帮助，在此对他们表示感谢。

朋友和家人启发我深入思考、进行总结，支持我写作，在此也感谢他们。

刘选鹏

2018年3月31日

目录
CONTENTS

第一章　从企业顶层设计俯瞰流程体系 / 001

企业经营各层次整体上是个金字塔结构，顶层设计是企业的大脑，流程体系是企业的业务骨架。顶层设计决定业务组织方式，流程体系支撑顶层目标的实现。

第一节　从顶层设计到流程体系的 TVP 模型 / 003
第二节　基于流程体系的企业战略 SPS 模型 / 005
第三节　企业价值模型 / 006
第四节　流程体系 / 009
第五节　企业流程变革的指导思想 / 011
第六节　延伸阅读：华为的价值坚守与成长 / 012

第二章　企业顶层设计 / 031

作为经营管理的指导方针，企业顶层设计就是对企业未来的发展做系统的规划，即按照"以终为始"的原则，基于对目标市场的理解、对用户需求的把握、对竞争格局的认知，通过系统地分析，设定经营管理目标，把用户心目中理想的产品描述清楚，把实现目标的关键要素和主要挑战罗列出来，预测潜在的问题和风险，从而根据目标去配置资源，缺什么就补什么，倒排时间表，把战略规划解析为业务设计和业务路标规划，指导企业各组织和业务体系的工作。

第一节 企业经营管理 / 034

第二节 企业战略的重要性 / 042

第三节 小米、华为的企业战略 / 044

第四节 任正非谈华为产品战略 / 049

第五节 企业战略规划 / 056

第六节 延伸阅读：失败的企业战略管理案例 / 066

第三章　全面认识 IPD / 071

IPD 集成了业界优秀实践的诸多要素，主要包括：系统全面的客户需求分析、优化投资组合、跨部门团队、结构化流程、基于衡量标准的评估和改进、基于平台的并行和重用模式、职业化的人才梯队、项目和管道管理。

第一节 与 IPD 相关的常见问题释疑 / 073

第二节 从企业战略角度看 IPD / 076

第三节 从商业实现角度看 IPD / 077

第四节 企业价值创造和实现业务流程 / 079

第五节 IPD 的基础框架 / 080

第六节 与 IPD 相关的基本概念和观点 / 087

第七节 延伸阅读：IPD 变革该如何动员 / 094

第四章　基于 IPD 的商业实现过程 / 103

从 IPD 流程体系来说，商业实现是通过市场管理、SP/BP、路标管理、产品开发等几个流程合作实现的，是通过产品 / 解决方案 / 服务等来实现商业目标的整体过程。

第一节 商业机会分析过程 / 107

第二节 商业计划过程 / 110

第三节 商业开发过程 / 111

第四节 商业兑现过程 / 112

第五节 延伸阅读：IPD 的本质是从机会到商业变现 / 112

第五章　基于 IPD 的产品需求管理过程 / 117

需求的高效管理和实现是企业系统化、整体高效运作的本质要求。错误的需求理解和盲目创新，会浪费企业的战略资源，造成大量库存或呆死料。

第一节 对需求的再认识 / 119

第二节 需求管理流程 / 125

第三节 需求收集流程 / 128

第四节 需求分析方法 / 133

第五节 需求分发过程 / 134

第六节 需求实现过程 / 135

第七节 延伸阅读：开发产品要以客户需求发展为中心 / 140

第六章　IPD 流程概要 / 143

IPD 流程将管理产品包所需的全部主要活动整合起来，形成结构化的并行业务过程，保证计划、交付、质量和生命周期管理工作的成功，实现产品开发的业务目标。它使开发、财务、制造、采购、市场和服务等多个业务领域的工作有机集成，并对与产品包相关的主要使能流程进行监管，以保证整体业务计划和目标的实现。

第一节 IPD 流程简介 / 145

第二节 IPD 流程的主要内容 / 149

第三节 IPD 流程各阶段活动概要 / 156

第七章　华为的 IPD 变革 / 163

　　　　华为实行 IPD 变革之后，逐渐建立起世界级的研发
　　管理体系，形成了世界级的研发能力，优化了公司的整体
　　运行流程，取得了明显成效。

第一节　实施 IPD 流程能给企业带来什么 / 165
第二节　华为为什么从 IBM 引入 IPD　/ 167
第三节　华为的 IPD 变革之路　/ 172
第四节　华为的 IPD 变革影响 / 178

参考文献 / 181

HUAWEI

第一章

从企业顶层设计
俯瞰流程体系

CHAPTER 1

　　我们一定要站在全局的高度来看待整体管理构架的进步，系统地、建设性地、简单地建立一个有机连接的管理体系，要端到端地打通流程，避免孤立改革带来的壁垒。我们要坚持实事求是，坚持账实相符，不准说假话。我们要努力使内部作业数据在必要的职责分离约束下，尽可能地减少一"跳"，提高运营效率。

——任正非

流程体系反映企业顶层设计要求，企业顶层设计管理流程体系。

流程体系是企业业务的实现平台，体现企业的价值实现模式。

流程体系与企业顶层设计对应，才能让流程体系成为企业顶层管理的使能器，最大化地发挥流程体系的价值和功能，让企业充满活力和动能。

企业经营各层次整体上是个金字塔结构，顶层设计是企业的大脑，流程体系是企业的业务骨架。顶层设计决定业务组织方式，流程体系支撑顶层目标的实现。

为了从整体上组织流程体系，我们要从愿景、使命、价值观到企业战略，即从顶层设计往下逐层分解，进行清晰的层次化分解，来识别价值实现方式、定义价值模型，并根据价值模型来决定具体的流程业务的执行，建立以顶层愿景和战略为目标的流程体系。

本章主要讲述如何将企业顶层设计分解落实到流程体系上，让流程体系与顶层设计保持一致。

第一节　从顶层设计到流程体系的 TVP 模型 [①]

企业顶层设计决定企业价值选择，企业价值选择决定企业价值模

---

① TVP 模型：TVP 是 top level design—value model—process system 的缩写，TVP 模型即顶层设计—价值模型—流程体系的层次分解结构模型。

型，企业战略和企业价值模型决定企业流程体系。图 1-1 为从顶层设计
到流程体系的 TVP 模型：

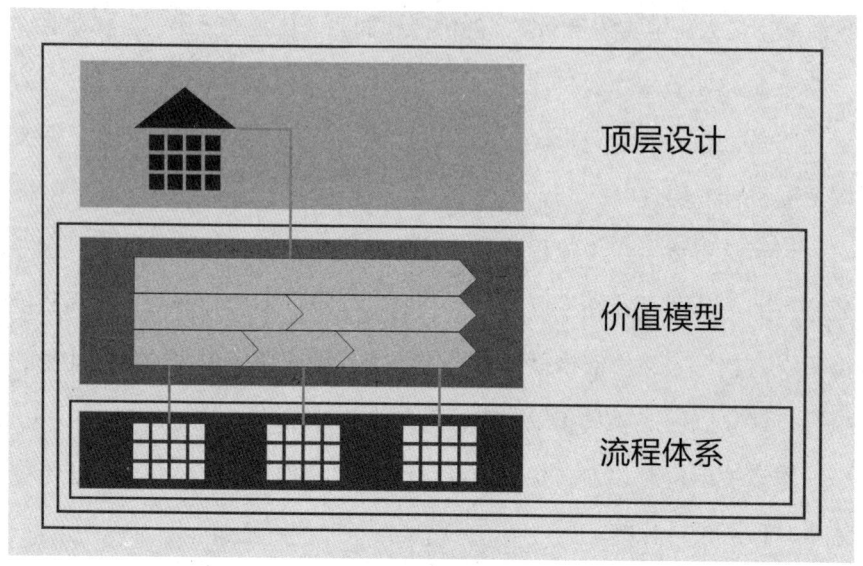

图 1-1　TVP 模型

TVP 模型的精髓：

企业管理层是 TVP 架构设计的责任人；

TVP 三层必须保持一致，上下贯通；

TVP 的顶层决定下层，体系设计管理业务实现。

第二节　基于流程体系的企业战略 SPS 模型 [①]

　　企业战略规划应首先从挖掘具体业务的长期价值驱动因素着手，选取对企业长期价值敏感度最高而又切实可行的业务作为主要驱动力，即发现战略价值空间，然后制订明确的行动目标、行动计划和相应的业绩衡量指标，以保证战略的贯彻执行。

　　制订企业战略不能只是简单地分解财务指标，而是要充分考虑商业业务和产品要求。企业战略要成为实现商业业务、满足产品要求的指南。图 1–2 为基于流程体系的企业战略 SPS 模型：

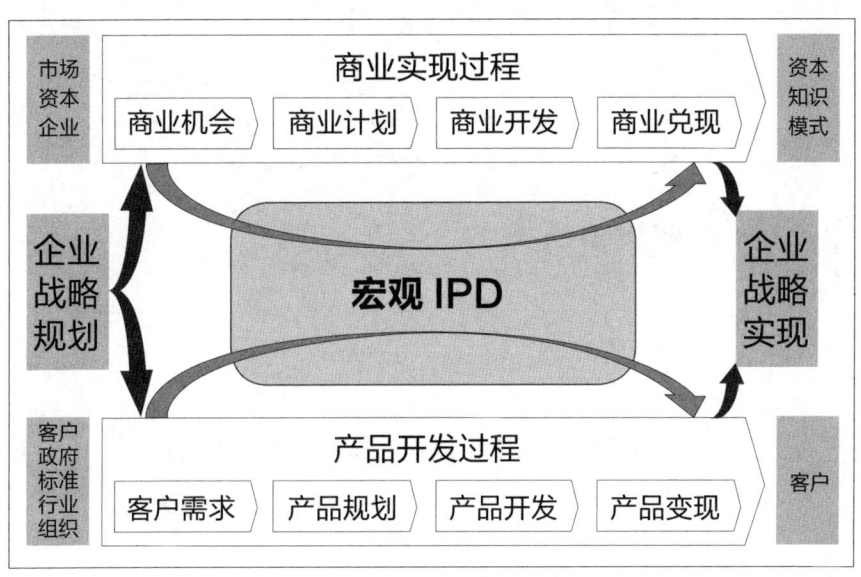

图 1–2　SPS 模型

---

① SPS 模型：SPS 是 strategy—process—strategy 的缩写，SPS 模型即战略—流程—战略模型，表现的是企业通过 IPD 流程实现企业战略的过程。

SPS 模型的精髓：

企业战略要通过商业实现过程和产品开发过程来实现；

企业战略要分解为商业战略和产品实现战略；

企业战略要基于商业实现和产品实现的能力现状；

企业要建立基于流程体系的战略规划过程。

通俗地说，没有商业战略的产品战略是孤独的，没有产品战略的商业战略是空虚的。

企业战略不是企业总经理和少数高层的目标的体现，而是要有商业实现和产品实现的方向性和可行性分析（可行性分析的基本素材来自应用 IPD 流程所得的分析和输出以及 IPD 流程的支撑），这往往是企业管理者容易忽视的一点。

第三节 企业价值模型

图 1-3 为从价值实现的角度来看 IPD 流程端到端的模型结构，上面三个是价值创造流程，下面五个是价值实现的支撑业务模块。

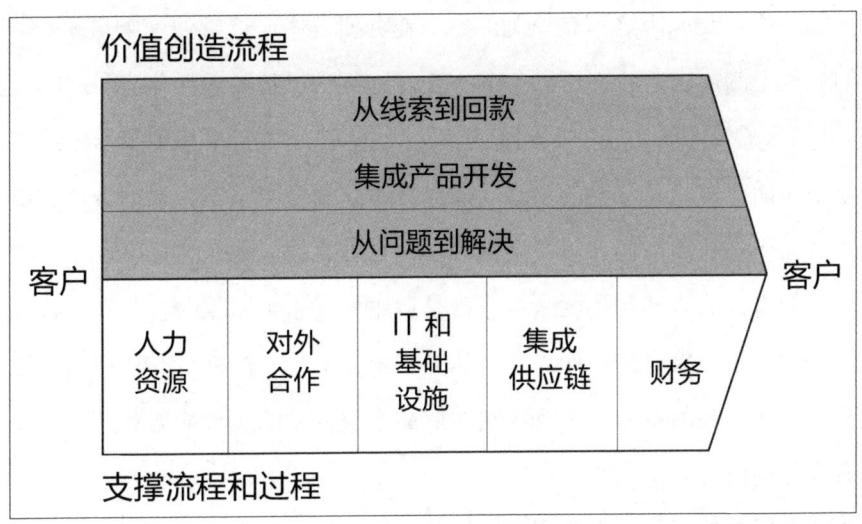

图1-3 企业价值模型

从线索到回款：英语缩写为 LTC，指对从线索到回款进行管理的端到端流程，包括线索管理、验证商机、设计方案、投标、商务谈判、合同评审、合同签订、合同履行等环节

从问题到解决：英语缩写为 ITR，指确认并解决售后的客户反馈。对产品进行改造升级是该业务流程的根本

企业价值模型的精髓：

每个价值创造流程的端到端都必须打通；

建立多层次的价值实现流程层次，主要以客户场景进行划分或综合；

各业务流程可以协同使用或者互相调用。

价值创造流程的协同应用示例：2004 年 12 月 8 日对华为来说是一个重要的日子，这一天从欧洲市场传来捷报，华为赢得为荷兰运营商 Telfort（泰尔弗）提供 UMTS（通用移动通信系统）网络设备的合同。这是华为获得的首份欧洲合同。在历时大半年的"战役"中，华为击败了爱立信、诺基亚等当时一流的国际设备供应商。而最终让 Telfort 选择华为的重要原因之一是华为的欧洲业务研发中心能够快速响应 Telfort 的业务定制需求，从而帮助 Telfort 更好地实现灵活的差异化竞争战略。

"除了技术研发，中国别无选择。"迈克尔·波特平静地带给中国企业一句话，蕴含着深刻的道理。面对首份欧洲合同，华为根据客户的现实情况，为欧洲市场"量身定做"了一套价值数亿欧元的解决方案。

如果从流程架构角度来看，这是运用从线索到回款的企业运营管理流程的一次伟大胜利。如果从产品提供角度来看，这是对 IPD 产品开发流程一次高超的调用，市场部对新产品集成开发的实现能力和开发周期有充足的信心。

有优秀的产品研发流程，大部分公司从研发到产品投放市场的时间就可缩短一半。例如 BBN[①] 采用新研发流程后，新产品从研发到投放市场的时间缩短了 50% ~ 60%。

对市场条件估计的准确度因时间的远近而不同，时间越近，准确度越高。较短的研发周期能使公司对新出现的市场机遇做出迅速的反应，从而更快地以市场为导向，优先对顾客需求做出反应和承诺。

高效的产品研发过程至少可以带来以下收益：研究出更适合市场的新产品和解决方案；提前满足客户期望，及时、高效、高质量地推出产品、解决方案，以获得最大的"机会窗"。

高效的研发过程是建立在稳定可靠的产品开发流程之上的，是建立在体系化、结构化、高质量的研发流程控制之上的；否则，高效就是脱离常规和现实、具有潜在副作用的短期行为，是在条件不完备情况下的不可持续的偶发行为，不具备可复制性。

---

① BBN：由麻省理工学院教授 Leo Beranek、Rechard Bolt 与学生 Robert Newman 共同组建，因此取三个人的姓氏组合为 Bolt, Beranek and Newman 公司。2009 年，该公司被雷神公司收购。

第四节 流程体系

基于 TVP 模型，流程的本质是为了实现企业价值，流程体系的目的是为了系统地管理企业价值实现的过程。

一、流程体系的分级结构

流程体系的基本观点：

没有流程体系的流程组织是散乱的；

不合适的流程体系是低效的；

不清晰的流程体系是失控的。

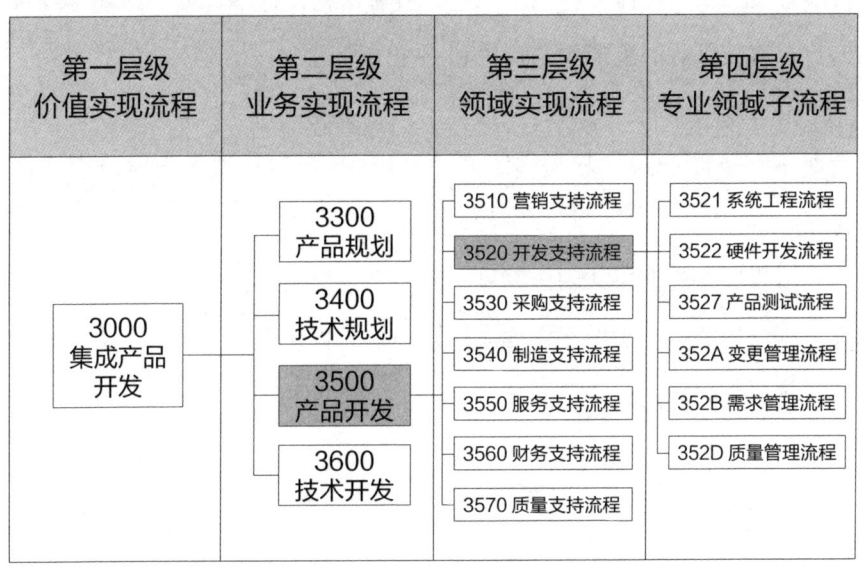

图 1-4 流程体系的四层分级结构（部分示例）

图 1-4 所示流程体系分级结构仅为示例，企业必须结合自身的 TVP 模型、价值模型和企业战略进行分析和梳理。

流程体系是不断分化演进的，不一定都需要分解为四层，小企业可简化为一至两层，以适应组织能力现状和业务复杂现状。

流程体系的管理原则：

流程体系取决于企业价值模型和企业战略；

流程体系必须支持业务体系的灵活发展；

流程体系必须主干清晰、末端灵活、全局统一；

流程体系必须进行例行梳理，以保持体系的灵活性和高效性。

二、流程体系的编号

如果流程体系相对完整、清晰，架构设计合理，可以对流程体系进行编号。如果流程体系还很不稳定，或者架构设计不合理，则基于现状的流程编号是对混乱现象的强化和固化。

编号规则建议：每层一位编号，为方便使用，可取 1 ~ 9、A ~ F，一般不会超过 9、F，超大型（超过 F）的可以继续按英文字母顺序编排。

流程体系的四层共四位编号，每层占一位编号。

编号主要是为了便于管理流程体系，流程体系的升级也需要版本号标识和版本控制。

第五节　企业流程变革的指导思想

以企业战略为指引，以价值模型为基础，以客户为中心，反映业务本质：

一、流程体系与企业战略匹配。具体说来，流程体系要体现企业的中长期战略发展要求和实现企业战略的方式。

二、流程体系要以价值模型为基础进行编排，在逻辑上要实现路径最短、整体最高效。

三、流程要指向客户需求，从客户中来、到客户中去，每级价值实现流程的端到端都要通畅，不能被割裂成一段一段的流程"碎片"。

四、流程要反映业务本质。在流程设计中要实现整体业务运作最优化，做到"横向贯通，纵向集成"，形成前端、中端、后端高度协同的一体化运作。

企业流程的基本要求：

第一，流程必须以客户为中心。业务是从客户中来的，也会回到客户中去。因此，价值实现流程必须实现端到端与客户连接。

第二，流程要完整地反映业务本质，业务中的各要素及其管理不能在流程体系外，即业务的质量、运营、内控、授权等要素都要在流程中。

第三，流程要落地，要与组织匹配，即组织要培养、提供与流程匹配的岗位、决策体系、考核体系。

第六节　延伸阅读：华为的价值坚守与成长

一、用乌龟精神，追上龙飞船

"乌龟精神"指华为长期聚焦在主航道（在实现企业使命和战略的方向上），心无旁骛，坚持追求长期利益，坚持持续地长期投资，并最终实现目标。"乌龟精神"是华为核心价值观的形象体现。

下文节选自《任正非在公司 2013 年度干部工作会议的讲话》（略有改动），用以强调使命感、战略定力是企业长期生存、发展的关键：

古时候有个寓言，兔子和乌龟赛跑，兔子因为有先天优势，跑得快，不时在中间喝个下午茶，在草地上小憩一会儿，结果让乌龟超过去了。华为就是一只大乌龟，25 年来，爬呀爬，全然没看见路两旁的鲜花，忘了这 20 多年来经济一直在爬坡，许多人都成了富裕的阶层，而我们还在持续艰苦奋斗。爬呀爬……一抬头看见前面矗立着"龙飞船"，跑着"特斯拉"那种神一样的乌龟，我们还在笨拙地爬呀爬，能追过他们吗？

（一）大公司不是会必然死亡，不一定会情怠保守的；否则，不需要努力成为大公司。

宝马追不追得上特斯拉——在一段时间里是我们公司内部争辩的一个问题，多数人认为特斯拉这种颠覆式创新会超越宝马。我支持宝马不断地改进自己、开放自己，宝马也能学习特斯拉。汽车有几个要素：驱动、智能驾驶（如电子地图、自动换挡、自动防撞直至无人驾驶……）、机械磨损、安全舒适。后两项宝马居优势地位，前两项只要宝马不封闭保守，是可以追上来的。当然，特斯拉也可以从市场买来后两项，我也没说宝马必须自创前两项呀，宝马需要的是成功，而不是自主创新的狭隘自豪。

华为也就是一个"宝马"（大公司代名词），在瞬息万变、不断涌现颠覆性创新的信息社会中，华为能不能继续生存下来？不管你怎么想，这是一个摆在你面前的问题。我们用了25年的时间建立起一个优质的平台，拥有一定的资源，这些优质资源是多少高级干部及专家浪费了多少钱，才积累起来的，是宝贵的财富。过去所有失败的项目、淘汰的产品，其实就是浪费（当然浪费的钱也是大家挣来的），但没有浪费，就没有大家今天坐到这儿。我们珍惜这些失败积累起来的成功。如果不故步自封，敢于打破自己既得的"坛坛罐罐"，敢于去拥抱新事物，华为不一定会落后。当发现一个战略机会点，我们可以千军万马压上去，后发式追赶，你们要敢于用投资的方式，而不仅仅是以人力的方式，把资源堆上去，这就是和小公司创新不一样的地方。人是最宝贵的因素，不保守、勇于打破目前既得优势、开放式追赶时代潮流的华为人是我们最宝贵的基础，我们就有可能追上"特斯拉"。

1. 聚焦

我们是一个能力有限的公司，只能在有限的宽度赶超美国公司。不收窄作用面，压强就不会大，就不可能有所突破。我估计战略发展委员会对未来几年的盈利能力有信心，想在战略上多投入一点，就提出"潇洒走一回，超越美国"的主张。但我们只可能在"针尖"大的领域里领先美国公司，如果扩展到"火柴头"或"小木棒"这么大，就绝不可能实现这种超越。

我们只允许员工在主航道上发挥主观能动性与创造性，不能盲目创新，"发散"了公司的投资与力量。非主航道的业务，还是要认真向成功的公司学习，坚持稳定可靠运行，保持合理有效的、尽可能简单的管理体系。要防止盲目创新，四面八方都喊响创新，就是我们的葬歌。

············

2. 我们要持续不懈地努力奋斗

乌龟精神被寓言赋予了持续努力的精神，华为的这种乌龟精神不能变，我也借用这种精神来说明华为人奋斗的理性。我们不需要热血沸腾，因为它不能点燃为基站供电。我们需要的是热烈而镇定的情绪，紧张而有秩序的工作，一切要以创造价值为基础。

············

（二）价值观是组织的核心与灵魂。未来组织的结构一定要适应信息社会的发展，组织的目的是实现灵活机动的战略战术。

我们用了25年时间，在西方顾问的帮助下，经数千人力资源的职业经理与各级干部、专家的努力，基本建立了金字塔式的人力资源模型，并推动公司成功达到400亿美元的销售规模。建立"金字塔"模型的数千优秀干部、专家是伟大的，应授予他们"人力资源英雄"的荣誉，没有他们的努力与成功，就不可能进行今天的"金字塔"改造。"金字塔"管理是适应过去机械化战争的，那时的火力配置射程较近，信息联络方式落后，所以必须千军万马上战场，贴身厮杀。塔顶的将军一挥手，塔底的坦克手将数千辆坦克开入战场，数万士兵冲去贴身厮杀，才能形成足够的火力。而现代战争，远程火力配置强大，是通过卫星、宽带、大数据与导弹群组、飞机群、航母集群等来实现的。战争是发生在电磁波中，呼唤这些炮火的不一定是塔顶的将军，而是贴近前线的"铁三角"。千里之外的炮火支援，胜过千军万马的贴身厮杀。我们公司现在的"铁三角"，就是通过公司的平台，及时、准确、有效地完成了一系列调节，调动了力量。今天我们的销售、交付、服务、财务，不都是这样远程支援的吗？前线"铁三角"不是在孤身作战，而是后方数百人在网络平台上给予支持。这就是胡厚崑所说的"班长的战争"。"铁三角"的领导，不光是有攻山头的勇气，而应胸怀全局、胸有战略，因此，才有"少将连长"的提法。为什么不叫少校？这只是一个形容词，故意夸大，让大家更注意这个问题，并不是真正的少将。谁能给你授少将军衔？除非你自己去买颗纽扣缝到衣领上，缝一颗算少将，缝两颗就是中将了。

…………

（三）灵活机动的战略战术来源于严格、有序、简单的认真管理。

数据流量越来越大，公司也可能会越来越大。公司可以越来越大，管理决不允许越来越复杂。

…………

我们一定要站在全局的高度来看待整体管理构架的进步，系统地、建设性地、简单地建立一个有机连接的管理体系，要端到端地打通流程，避免孤立改革带来的壁垒。我们要坚持实事求是，坚持账实相符，不准说假话。我们要努力使内部作业数据在必要的职责分离约束下，尽可能地减少一"跳"，提高运营效率。

…………

二、谈业务、流程、IT、质量、运营的关系

下文节选自华为轮值 CEO（首席执行官）徐直军的《谈业务、流程、IT、质量、运营的关系》（略有改动）：

公司明确了企业发展的目标是流程化组织建设。如何理解呢？我认为流程化组织建设的目标可以分解为：价值创造流程简洁高效、组织与流程匹配运作高效、管理体系集成高效、运营管理卓越、持续改进的质量文化与按契约交付的项目文化已经形成……

（一）业务流是客观存在的，所有和客户相关的业务流，天然是从客户到客户的。

企业为实现价值创造，从输入客户要求开始，到交付产品和服务给客户，获得客户满意并实现企业自身价值的端到端业务过程，就是业务流。业务流是客观存在的，每家公司在设计自身业务流程时都是想办法要找到真实合理的业务流，去适配这个业务流。

企业只要设定了战略，选择了业务模式，就确定了其业务流，不论是否用业务流程来描述和定义，业务流天然存在，所有业务部门都在业务流或者支撑业务流的活动中工作。条条大路通罗马，但总有一条路是最近的。业界的研发流程经过这么多年的实践，经过优化，大家现在的研发流程都是差不多的，没有什么区别。我们跟摩托罗拉打交道，跟诺西打交道，跟IBM打交道，发现大家经过这么多年的实践，研发流程基本是一样的，没什么区别，大家都是通过实践，不断优化和改进，找到真实客观的业务流，然后围绕业务流客观地建设流程。

所有和客户相关的业务流，天然是从客户到客户的，我们围绕业务流开展工作的时候必须瞄准客户，以客户为中心。因为我们本来就是围绕客户创造业务价值的，不能脱离客户。

识别业务流非常关键，在流程、IT、质量与运营工作中，业务流是一切工作的原点和基础，紧紧地抓住业务流，工作就不会偏离方向。流程描述的是业务流，IT承载和使能的是业务流，数据是业务流中流动的信息，质量要求依附于业务流，质量管理基于业务流，运营也是基于业务流开展。

（二）流程是业务流的一种表现方式，是优秀作业实践的总结和固化，目的是使不同团队执行流程时获得成功的可复制性。越符合业务流的流程就越顺畅。

我讲过两个案例，其一是我们的ITR流程，以前根本不关注客户，所有的问题定级都是基于不同产品不同问题来进行技术等级定级，然后相互吵架，吵得一塌糊涂，其实问题是从客户那里触发的，客户是最急的。我们不去关注问题对客户的影响，以对客户的影响来评价级别，而在内部吵。以前所有做过研发的都和GTS（全球技术服务部）的吵过（因为研发有这个考核指标）。

后来ITR流程和IT系统最大的改变是：以客户对故障的定级来定级。客户很清楚其有多少用户被影响了。通过数量、时间、重要性三个要素来定级，根据这三个要素分几档，自动就定级了。然后所有的IT系统、所有的流程都围绕快速知道网上发生的问题、快速解决网上的问题，所有内部考核的事情先放在一边。流程和IT系统先解决这个问题，然后能考核就考核一下，考核不了就算了。流程、IT系统支持公司快速响应客户需求，知道网上发生的问题，快速去解决，其他一切都要让位于这个目的。

其二是交付流程。原来进行LTC变革的时候，问交付流程要不要纳入LTC，我们认为自己的交付流程已经很好，只要在原来的基础上修改一下就OK（好）了。当时交付流程是一个优化项目，立足于把原有的流程优化一下就可以了。后来项目组看我们的交付流程，越看越觉得不对劲。第一次项目的charter（项目任务书）和后来汇报的charter

截然不同，完全变了。其中基本上没有交付流程，只有一个项目管理①流程和一个站点流程。没有交付流程，就相当于研发没有研发流程，只有一个研发项目管理流程。

后来终于搞明白了，交付流程要重新整理。刚开始搞的时候没找到方向，不知道交付流程到底该怎么搞。后来我有一次看到 T-Mobile（一家跨国移动电话运营商）整个网络部署端到端的流程。我一看，这个流程和我们要的不是差不多吗？那我们为何不以 T-Mobile 的流程为参考呢？本来网络部署是客户的事情，我们只是被他们调用。从客户明确需求开始，一直到网络交付运营，本来就是客户的事情，我们只是在整个流程中完成其中一两个或者多个环节而已。所以我提出我们的交付流程要从运营商视角，从运营商的流程来看我们的流程。后来他们把德国电信的顾问请过来，再真正从运营商视角来看从明确需求开始，到运行、维护、保障的整个流程，基于运营商视角来设计交付流程。对于欧洲运营商，我们交付的只是运营商整个网络部署流程里的一个环节。而对于马来西亚等地方的运营商，他们缺乏端到端的整个流程，那我们就需多做几个环节。

这些应该是业务主管最清楚、流程 IT 部搞不清楚的。流程是业务流的一种表现方式，越符合业务流的流程越顺畅。如果流程恰好符合业

---

①项目管理：对项目进行计划、监督、控制等。项目管理是使跨部门团队集合起来更好地行动的关键。项目管理首先要有目标，即项目所要达到的效果。一旦将客户的需求转换为对产品的需求时，就可以制订详细计划，该计划中的各部分将被具体划分为每个职能部门的工作，即这个计划不是研发部门的计划，而是公司各个部门共同的计划。一个产品从概念设计到上市期间会涉及许多不同的紧密联系的活动，所有的活动加起来就是整个产品开发的周期。下一步就是安排活动的时间，然后对每个活动进行预算和调配资源。打个比方，从确定目标到计划阶段就相当于战前的准备，接着就是去打仗。在打仗（即实施）的时候还应不断地与计划对照，因为没有一个计划是完美的，需要在细节上对计划进行调整；但是做出的承诺不能改变。

务流，就不应该再去简化流程。业务流客观存在五个环节，你一定要缩减到三个环节，或者硬要人为地搞成七个环节，那它一定会回到它的五个环节。所以流程要客观地表现客观存在的业务流。流程跟客观存在的业务流越接近，流程就越畅通、越精简、越能体现真实；如果流程与业务流背道而驰，不搞流程反而好，要搞全是多余的。我们以前的网上问题处理流程就是多余的，全是内部吵架，全是为了内部管理。我们要把真实的业务流理解得越来越透。

另外，以前我们把流程和部门"捆死"，使我们很被动：部门说改就改，部门一改就得改流程。现在，流程设计的新思路是在流程里看不到部门，不与组织直接挂钩，在流程里只定义角色，组织要来承载流程里的角色。我们强调流程决定组织，就是组织首先要承载流程里面定义的各个角色要履行的职责；同时，组织不能跨流程，不要把组织承载的流程搞成这边一段，那边一段；要么就一段，要么就两段，不要搞成一边一段。

（三）数据是在流程中"跑"的信息，IT 是用技术手段来固化流程。

理解了业务流和流程，再谈谈数据。在流程、IT、质量与运营工作中，数据是非常关键的，但是公司当前并没有给予足够的重视。在业务流中流动的是信息，信息的载体即数据，数据包括结构化数据和非结构化数据（文档），数据即业务流各作业的输出。对于每个作业环节来说，其作业的输出需要满足"下游"的需要，如果一个作业没有输出"下游"所需要的数据，那么这个活动就相当于白做了，因为没有达到该环节的质量要求，"下游"为了补救需要花更大的代价。理想的境界就是每个作业环节匹配其独特价值输出"下游"需要的刚刚好的信息，不冗余、不缺失，满足该作业环节的质量要求。IPD 变革虽然进行了十多年，也有力地支撑了公司的发展壮大，但是在早期对数据的关注不够，没有系统地梳理产品的信息架构和数据的标准，也没有对业务流中的数据进行系统的梳理，因而没有基于梳理的数据来定义 IPD 流程各环节的交付件和数据，也没有基于数据流的梳理来定义 IPD 领域的 IT 应用架构和接口，导致前期 IPD 领域的 IT 和工具建设非常凌乱，不集成。应用 IPD 的经验与教训告诉我们，对业务流中信息的梳理是流程定义的前提，是 IT 应用架构定义的基础，也是 IT 系统开发的前提，主流程集成、贯通，本质上是数据的集成、贯通。数据管理在流程与 IT 中处于核心的位置，需要对数据给予足够的重视。

数据是在流程中"跑"的信息。工作中常见的现象是信息的入口没有被管理，使得进入流程的是一堆没用的东西；流程是通的，但因为里面的东西没有价值，所以流程是没用的。信息很关键，一定要把住入口。

除了贯通流程需要关注数据外，数据还是公司经营管理的基础。基础数据不准确，则各种经营管理所需要的报告数据也不准确，不能准确地反映业务实质，无法有效地指导经营管理。

IT 是什么？IT 就是承载业务流程并实现业务数据自动传递和集成的使能器：IT 承载的是业务流和数据；IT 支撑每个作业以及作业输出的数据；通过 IT 实现数据的集成、流程的自动化。不要依靠人来输入、转换数据，因为人是会犯错误的；而 IT 不会，并且效率比人高。因此，流程化的组织建设的最高境界就是端到端、整个业务流全由 IT 支撑，使所有的作业、所有的数据都由 IT 承载，而且从前到后都是集成和自动化的。

IT 是用技术手段把流程承载起来，是用技术手段来固化流程，提升流程的运作效率。在 IT 中"跑"的是固化的流程，本质上"跑"的是业务。没有 IT 支撑的流程容易成为一堆废纸，难以执行。

当然，不是所有流程都要借助于 IT，只有用的人多，效率出现问题才用 IT。如果只是一个部门二三十个人需要，也不一定要借助于 IT。

（四）质量的定义就是符合要求，质量要求必须构筑在流程中。内控、信息安全、网络安全是特定形式的质量要求。

质量管理大师 Philip B.Crosby（菲利普·克劳士比）说，质量的定义就是符合要求。任何业务都是要追求质量的，质量要求必须跟随业务流构筑在流程中。为了让每个环节的交付件能够刚好满足"下游"的要求，需要定义每个作业环节的输入与输出交付件及其质量要求，并基于质量管理方法，确保每个作业环节达到质量要求。质量管理包括质量策划、质量控制、质量改进。质量策划致力于策划以达到质量要求，质量控制致力于确保达到质量要求，质量改进致力于更好地达到质量要求。为了明确每个作业环节的质量要求，需要定义质量标准和 checklist（查检表）；同时需要建设并积累支撑该作业环节达到交付要求的工具、方法、指导书等，这些属于支撑作业环节达到交付要求的 how to do（怎么做）部分。

质量分过程质量和结果质量。过程质量如果不构筑在流程中，业务都"跑"完了，质量单独存在于流程外是不可能的。质量要求也好，质量标准也好，都要构筑在流程里。过程质量也有要求、有标准，要能够得到保证，过程质量有保证才能确保结果质量。基于过程质量的管理能带来结果质量，追求结果质量迫使我们到源头来管控过程质量。

内控是内部要求，目的是防止腐败、控制风险。我们最初搞内控的时候，把内控和流程分离。内控在这边搞得热火朝天，流程在那边搞得热火朝天，后来发现存在问题，就把两者合并了。内控就是我们公司内部要求的风险管理和防腐败，本质就两点：一个叫职责分离，目的是防腐败和控制财务风险；另一个是在关键控制点要有控制要素和控制程序。内控也必须构筑在流程中；内控若在流程外，不在流程里，是不可行的。我们原来支撑流程建设的是流程部，支撑内控建设的是内控部，两个部门各行其是。后来发现问题后，我们把流程部和内控部合并。至于SACA（半年控制自我评估）、CT（遵从性测试）是干啥的？就是跟质量管理一样，看流程执行到关键控制点和需要SOD（职责分离）的时候是否遵从流程内控要求了。

信息安全是内部管理要求，是围绕核心信息资产进行管理和保护。核心信息资产产生于哪里？产生于业务流程中。所以信息安全也要构筑在流程中。以前信息安全管理是"修万里长城"，修了好多年，防不胜防，发了100多个信息安全文件。后来发布了EMT（经营管理团队）决议，把信息安全的管理思路调了180度，要求不要到处防，不要去"修万里长城"，只防核心信息资产（泄露）。要防核心信息资产（泄露），首先要把核心信息资产识别出来，只有识别出来了才好进行保护，要识别出来和很好地保护还是得基于流程。

信息安全部转变观念，不"修万里长城"了，把100多个文件清得快没了，这也是为什么大家感觉好点了。

同时把信息安全和共享两个职责放到信息安全部，要求既抓信息安全，也抓信息共享；信息安全部的考核指标既有信息安全，又有共享，这样就好多了。现在到各个部门去看，很少有人反馈说搞信息安全搞得啥都看不到。既然不是核心信息资产就通通共享，是核心信息资产就在核心信息资产保护的环境下也共享起来。通过考核共享率，这样就不是特别极端了，合理多了。要把信息安全构筑在流程中，流程"走"到哪里，核心信息资产就定义到哪里、保护到哪里。核心信息资产怎么定义？由业务部门来定义，基于流程来定义。

网络安全也是一样的。对于网络安全，我们强调的是产品在各流程中要具备网络安全的能力、要有防御能力。

（五）运营是瞄准业务目标，周而复始地沿着流程转，通过持续、周期性的业务运营管理活动，以达成业务目标。

前面讨论了流程、IT、数据与质量，下面再谈谈运营。所谓运营，就是指业务运转过程中的连续性循环活动，运营的目标是为利益关系者创造价值。说得直白一点，运营就是流程和管理体系 run（运作）的过程；没有运营，流程和管理体系就是死的（静止的），企业的价值就无法实现，也就无法实现业务目标。因此，在一家企业中，运营无处不在，大到一家企业的运营，小到一个基层组织的运营。运营管理就是对运营过程的计划、组织、实施和控制，其对象包括业务流程（如 IPD、LTC）和管理系统。运营管理的实质就是通过对运营过程和运营系统的有效管理，以实现投入产出的最大化，最终支撑企业的商业成功。因此，运营管理者关注的因素包括质量、成本、费用、效率／效益、周期／速度、柔性、客户满意等。

在一家企业中，战略规划流程 DSTE（从战略到执行）是处于流程顶层的，它围绕 DSTE 将战略规划、业务规划、财务、HR（人力资源）、流程与 IT 实现有机集成，以实现组织的业务目标。围绕 DSTE 开展运营管理以实现组织的业务目标是运营管理中最重要的部分，也可以称为绩效运营管理。基于 DSTE 开展运营管理以实现组织的业务目标的基础是基于各业务流程开展的运营管理，如基于 IPD、LTC、ITR 等流程的运营管理。如在 LTC 下开展的项目、项目群、项目组合的运营管理，以实现每个项目、项目群、项目组合的业务目标。在谈不同范围的运营时，可以在"运营"前面加定语以区分，如项目运营管理、销售运营管理、营销运营管理、知识运营管理、客户满意运营管理等；在很多情况下也可以将"运营"省略，如项目管理、销售管理、营销管理、知识管理、客户满意管理等，这些管理活动就是运营管理的组成部分。

如果不围绕流程转就不是运营，我们的IPD体系在运营这块儿是清晰了，是理解透了，我们所有的业务都是在流程里转；但我们在区域上实际没达成共识。区域有商务管理、销售管理、流程质量、流程管理。销售管理不就是围绕销售流程转的吗？商务管理不是管合同质量的吗？在产品线里这些都是合并的。只要是围绕流程转的，就需有相应的支撑组织，我们的运营组织要全在运营里面，核心是要遵从流程才能转得起来。

遵从流程后发现流程和业务场景不匹配，作为主管，在自己权力范围内的，就直接优化好；在自己权力范围外的，就要去推动优化。当然，要先遵从流程，再提出流程的问题；如果没有遵从流程就说流程有问题，这是空谈。如果有人对我说流程有问题，我会问他哪个流程有问题。华为公司流程有问题的很多，你要告诉我哪个流程有问题。只有遵从过流程，围着流程转过，你才知道问题在哪里；如果不遵从就不可能知道流程有问题，不可能推动流程优化，因为你转都没转过怎么知道问题在哪里？

这就是运营：首先是沿着流程周而复始地转；其次是在遵从过程中发现有问题时解决或推动问题解决。如果我们真的不是流程的奴隶，而是流程的主人的话，我们会去关注流程到底怎样，关注流程是否符合业务场景，关注我们的流程遵从以后还有什么问题。这样我们公司流程遵从和流程优化的土壤就改善了。

（六）流程确定角色，组织承载角色，流程与组织匹配才能运作高效。

下面再谈一下我对组织设计与流程匹配的一些理解。在流程与组织变革中,需要遵循如下过程:从战略出发,基于战略设计所选择的业务模式来确定主业务流,并识别业务流的关键能力;基于关键能力的差距和优先级确定变革的规划;基于变革进行流程设计,并基于组织设计原则进行组织设计和流程匹配。从一家企业的组织与流程架构设计来看,理想的设计应该实现:从水平方向来看,每个流程在各 business(业务)组织间实现全球一致;从垂直方向来看,每个 business 组织实现各业务流程的有机集成。主业务流程是直接为客户创造价值的流程,所有组织要么在主流程中工作,要么支撑好主业务流程以为客户创造价值;否则,这样的组织就是多余的。各职能组织如何参与和支撑呢?项目化运作是最有效的方式。事实上,任何 business 组织都是通过一个个项目或项目群来实现其经营目标的,项目就是基础管理单元,执行主业务流程的是项目或项目群,而各种组合管理的目的包括组合设计、取舍以及优先级排序,以满足客户需求并实现资源投入产出最大化。因此,各职能组织都要参与到执行主业务流程的跨功能部门[①]项目中,为客户创造价值。

对于各职能组织的设计,需要基于如下核心理念:每个职能组织都要对端到端结果负责,而不是段到段;各组织之间进行的不是接力赛,而是类似足球赛,共同参与项目,通过项目组跨职能组织的运作,一起执行主业务流,以实现业务目标。职能组织的设计基于业务流需要的能力的一个或者几个专业领域(根据管理的需要),为了让各职能领域有端到端的完整的流程视图,可以引入 discipline(专业领域)的概念,对

①功能部门:是一个实际存在的部门,负责培养员工与功能部门使命相关的技术技能、IPD 流程执行技能,以及领导、谈判等个人技能。该部门对员工的主要技术贡献给予认可,提供培训、指导,并对员工的职业成长和发展提出建议。

于每个专业领域，其对应 HR 的一个职类（如软件、硬件），也可对应一个职能部门。流程定义 What（是什么），discipline 定义 how to do，discipline 的建设可以授权给各职能部门进行。因此，流程的授权可以分为两个方面：一是基于经营组织的划分进行主业务流的授权，二是基于 discipline 的划分对各职能组织进行授权。

（七）业务主管是流程的责任人，顾问公司和流程 IT 部提供流程专家，以顾问形式提供专业服务。

以前代表处的人给老板汇报，说流程太长，流程有问题，他首先骂的是流程 IT 部，因此流程 IT 部老是挨批。最近我们已经讨论清楚了：流程的责任人是业务主管。于是我向老板建议：若再看到哪个流程有问题，就直接给业务部门主管打个电话，骂这个业务部门的主管。既然我们定义了流程的责任人是业务主管，那出了问题首先应该找业务主管。流程 IT 部不可能单独开发一个流程出来让大家用，只有业务部门与流程 IT 部一起开发出来的流程才可能有用，业务部门才有可能执行。我们已经明确了业务流程的责任人是业务主管，那以后流程有问题就要找业务主管解决。

我们强调流程要业务部门来主导设计，为什么还要有流程 IT 部门和顾问公司呢？是因为我们对业务的理解还存在片面性。我们怎么理解自己的业务？就是我们自己做了啥，我们的职责就是啥。

我们在梳理政府事务的流程的时候，就发现政府事务部门仅把自己原来怎么做的变成了自己的流程。后来我们请 IBM 的人做顾问后，发现整个政府事务部只做了要负责的事情的百分之七八十。我们在顾问的帮助下把业务框架搭起来后，发现好多工作都没做。原来法务也是这样的，我们的法务只管诉讼，不管预防。由于各级业务主管的视角还只聚焦在做了啥、理解到了啥、想到了啥，很难全面，因此我们需要顾问公司。顾问在其他公司做了类似的事情，他们知道别的公司有哪些环节，可以给我们一个 benchmark（标杆），建议我们需要考虑这些环节，并给些建议方案。

流程IT部门干啥呢？流程IT部门的有些专家可以在怎么设计流程、怎么表现流程及流程建设上需要注意的一些事项上指导业务部门。

我们做变革也好，做流程优化也好，应该是业务部门、流程IT部门、顾问这三者结合起来，这三者的结合是很有价值的。但是我们强调起主导作用的是业务部门，只有业务部门的人内心愿意做，做好了才愿意推行，推行了有问题才愿意去面对；否则，强加一个流程给业务部门，业务部门不可能推行，也许只可能反对，只要有一点点困难，就会指责流程。

最后，关键还是要问我们自己：我们到底是流程的奴隶还是流程的主人？如果我们是流程的主人，那么流程就不是身外之物，我们不是被动的，我们就会主动建设、优化和推行流程。同时，也只有正确理解业务、流程、IT、质量、运营之间的关系，才能更有效地建设流程、遵从流程，在流程中构筑质量，并通过 IT 固化流程。

三、华为如何从"低成本"到"高质量"

下文节选自蓝血研究的《爱马仕不会灭亡，灭亡的是地沟油》（略有改动）：

质量与成本是一对矛盾体。高质量、低成本是一切商业组织的基本追求，也是很难达到的目标。从质量与成本的角度来看华为的成长，可分为三个阶段：

第一阶段：低质量、低成本。创业初期，华为靠一台示波器、两台万用表、十几个人起步，进行开发，制造工厂也很简陋，任正非还时不时地要装车发货。虽然当时瞄准的是先进的数字程控技术，但产品不稳定，早期开完局后都要留下工程师守局，一守几个月。前方开局、守局，后方"等米下锅"，这种精神很伟大，但谈不上质量管理。任正非在一次内部讲话中也坦言："创建初期，我们的产品质量不好，是靠遍布全国的33个维修点及时的售后服务来弥补的。"

第二阶段：质量好、成本低。1996年，华为首次通过ISO①9001质量标准认证，标志着华为质量管理进入体系化建设阶段。1997年开始构建端到端的流程化运作体系。2001年，华为遭遇IT冬天，经营困难，提出"在冬天改变竞争格局"，确立了"质量好、服务好、运作成本低、优先满足客户需求"四大法宝。在业界都压缩开支、放弃传统产品投入的时候，华为反其道而行之，加大3G②等新技术开发，持续优化传统窄带通信产品质量，做到了世界最佳。

为什么华为能够做到？一是因为没有上市，有较大的战略机动性，不必像上市公司那样必须壮士断腕，而是可以选择勒紧裤带过日子。二是华为所具有的人力成本优势。据测算，当时华为工程师的工资只有西方友商的三分之一，而奋斗程度是其两倍，即使抵扣掉能力与效率上的差距，华为在人力成本竞争力上也要远高于西方友商。

事实证明，华为这一以"质量、服务、成本"综合优势为基础的策略取得了巨大成功，不仅安然度过寒冬，还在后来几年赶上并超越了众

---

① ISO：国际标准化组织。
② 3G：第三代移动通信技术。

多业界巨擘，改变了通信行业的格局。

第三阶段：高质量、高成本。2010年以来，华为所面临的内外部环境都发生了重大变化。ICT融合加速，云计算兴起，智能终端的普及，客户和消费者对电子信息产品的需求已经从连接、上网等功能性诉求，转移到审美、快捷、智能等体验性诉求，质量已经不仅仅是一种保障，而是成了企业的竞争要素；华为从新兴市场到高端市场规模应用，高标准、高质量的产品与交付，成为市场拓展的必须；华为的智能终端走上世界舞台，也必须和三星、苹果手机质量看齐。从成本的角度来看，华为实行全球化人才战略，一个直接的结果就是人力成本的持续上升，现在已经和西方友商处于同一水平线，甚至还要高，十几年前的人力成本优势已不复存在。这也迫使华为重新思考质量与成本的定位。

未来，成本不仅不再是华为的竞争优势，甚至可能是劣势，"高质量、低成本"的追求已无现实基础，或者根本就是一个悖论。

2015年年初，任正非在一次发言中讲道："华为坚决不走低价格、低成本、低质量的道路，这会摧毁我们20多年后的战略竞争力。"

最近，任正非多次表示，华为要走"高质量、高成本、高价格"道路，不能过于强调低成本。"因为追求高质量必然会消耗成本，如果过于强调挤压成本，会把产业链挤断，使公司陷入不健康成长。我们要敢于投资、投入，才能获得机会"，"要用世界上一切最先进的生产装备、最先进的工具和方法、最优秀的人，瞄准高质量前进"。

华为确定了"质量优先""以质取胜"的质量方针；明确了价值观要从"低成本"走向"高质量"；对质量、成本、进度的追求以"提升竞争力"为核心，优先考虑质量，必要时可以牺牲效率和成本为高质量服务。

任正非有一个断言："爱马仕不会灭亡，灭亡的是地沟油。"

HUAWEI

第二章

企业顶层设计

CHAPTER 2

　　华为选择了通信行业，这个行业比较窄，市场规模没那么大，面对的又是世界级的竞争对手，我们没有别的选择，只有聚焦，只能集中配置资源朝着一个方向前进。犹如部队攻城，选择薄弱环节，尖刀队在城墙上先撕开一个口子，两翼的部队蜂拥而上，把这个口子从两边快速拉开，千军万马压过去，不断扫除前进中的障碍，最终形成不可阻挡的潮流，将缺口冲成了大道，城就是你的了。这就是华为人的傻干！

——任正非

为了从顶层设计看清企业流程架构，本章主要介绍企业顶层设计的层级和内容，以及企业顶层设计对企业经营模式和运作成败的决定性作用。

当企业的顶层设计与流程体系有机结合，企业流程体系成为顶层设计的沃土时，企业顶层管理就会焕发新的生命力和活力。

彼得·德鲁克在《管理：任务、责任、实践》中精辟地阐述了管理的本质："管理是一种实践，其本质不在于'知'而在于'行'；其验证不在于逻辑，而在于成果；其唯一权威就是成就。"

对于企业，应该从以下三个层面来理解：它是一个需要为社会和企业所有者创造价值的经济机构；它也是一个为人提供工作机会并培养人以产生更好的经济绩效的社会组织；它深植于社会之中，受社会价值观、社会形态影响，但也能够反作用于外部环境。这意味着，企业是通过提供产品和服务的方式来实现多重目标的，经济行为、经济制度和经济理性是实现非经济因素的目标的手段。

作为经营管理的指导方针，企业顶层设计就是对企业未来的发展做系统的规划，即按照"以终为始"的原则，基于对目标市场的理解、对用户需求的把握、对竞争格局的认知，通过系统地分析，设定经营管理目标，把用户心目中理想的产品描述清楚，把实现目标的关键要素和主要挑战罗列出来，预测潜在的问题和风险，从而根据目标去配置资源，缺什么就补什么，倒排时间表，把战略规划解析为业务设计和业务路标规划，指导企业各组织和业务体系的工作。

第一节　企业经营管理

一、企业经营管理模型

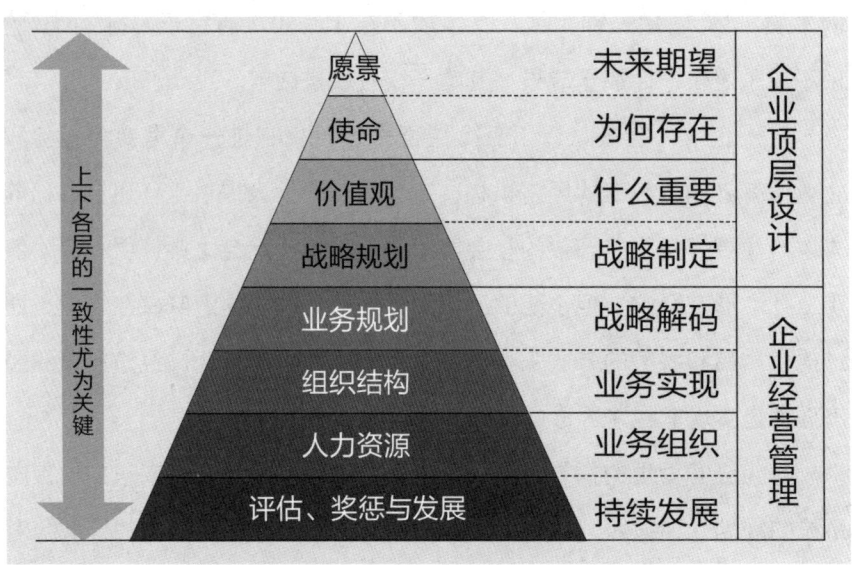

图 2-1　企业经营管理模型

一家企业首先要有自己的企业愿景——对未来的期望和理想。企业愿景要被社会和企业全体员工所接受，并成为企业全体员工的追求。

企业管理人员要根据设定的愿景来确定企业的使命，即思考"我们该做什么""我们如何做"才能实现企业愿景。在"想做的""可做的""能做的"三项中找到企业的定位，从而形成使命。

核心价值观就是企业在经营过程中坚持的，并努力使全体员工都信奉的信条。核心价值观是企业哲学的重要组成部分；是企业在发展中处理内外矛盾的准则，如企业对市场、对客户、对员工等的看法或态度；是企业的生存主张。

企业战略是指企业在一定时期内沿其经营方向所预期达到的理想成果的实施策略。它通过目标体系将企业愿景和使命转化为具体的业绩目标。如果企业愿景和使命没有转化为具体的业绩目标，那么企业愿景和使命就仅仅是一些美丽的词句，企业无法获得好结果；反之，企业管理者在每个关键领域都建立目标体系，并为达到这些目标采取适当的行动，这样的公司才可能有较好的结果。

企业的愿景和使命必须结合产业规律和发展趋势，转化为可操作的企业战略目标；企业战略目标是企业使命具体化的体现。

二、企业愿景

企业愿景是指根据企业现阶段经营与管理发展的需要，对企业未来发展方向的期望、预测和定位。它回答的是"企业未来是什么样的"这个问题，也就是企业长期发展的方向、目标、目的、理想、愿望，以及企业自我设定的社会责任和义务。

企业愿景赏析

英特尔公司：超越未来。

迪士尼公司：成为全球的超级娱乐公司。

微软公司：致力于帮助全球的个人用户和企业展现他们所有的潜力。

通用电气公司：使世界更光明。

福特公司：汽车要进入家庭。

索尼公司：为包括我们的股东、顾客、员工乃至商业伙伴在内的所有人提供创造和实现他们美好梦想的机会。

柯达公司：只要是图片都是我们的业务。

华为公司：丰富人们的沟通和生活。

联想集团：未来的联想应该是高科技的联想、服务的联想、国际化的联想。

万科集团：成为中国房地产行业领跑者。

三、企业使命

所谓企业使命，就是企业在社会进步和社会经济发展中所应担当的角色和应负的责任，是对企业的经营范围、市场目标等的概括描述。它比企业愿景更具体地说明了企业的性质和发展方向。

彼得·德鲁克强调，是顾客决定了企业是什么，企业应该为社会目标服务，利润是企业经济活动的结果而非企业存在的原因。

马云对使命的顿悟得益于克林顿的启发。马云在第一次见到克林顿的时候就问了这样一个问题："作为当今世界先行者的美国，你们依靠什么推动国家实现进步？"克林顿告诉他："依靠使命感，一个让世界前进的使命感。"马云由此联想到："100 年前，通用电气成立的时候立下的使命是'让天下亮起来'；80 年前，迪士尼成立的时候立下的使命是'让天下快乐起来'。阿里巴巴的使命是什么呢？就是'让天下没有难做的生意'……"他认为，公司如果只以赚钱为目的是做不大的，以使命为驱动才有可能做大。在一家企业里，领导者要有使命感，并且要让公司的所有人都知道这个使命，认同这个使命。有了使命感，员工才有可能承担所有的压力、所有的指责，并坚定地去实现目标。明确目标以后，必须让每一个员工，甚至门口的保安、扫地的阿姨都明白公司的使命才行。

企业使命赏析

微软公司：为能够强化和丰富人们工作、学习和生活的个人计算机编制软件。

英特尔公司：成为全球互联网经济最重要的关键元件供应商，包括在客户端成为个人电脑、移动计算设备的杰出芯片和平台供应商；在服务器、网络通信和服务及解决方案等方面提供领先的关键元件解决方案。

Google（谷歌）：整合全球信息，供大众使用，使人人受益。

Tesla（特斯拉）公司：致力于打造世界顶尖的电动车和储能系统，以此加速世界向可持续性交通和能源消耗的转变。

Amazon（亚马逊）：成为全球最以客户为中心的公司，让人们能够在这里找到并发现他们可能想在网上购买的任何商品。

IBM：无论是一小步，还是一大步，都要带动人类的进步。

Facebook（脸谱）：赋予人创建社群的权力，让世界融合在一起。

阿里巴巴集团：让天下没有难做的生意。

华为公司：聚焦客户关注的挑战和压力，提供有竞争力的通信解决方案和服务，持续为客户创造最大价值。

四、企业的核心价值观

企业的核心价值观是一家企业本质的和持久的一整套原则。它既不能被混淆于特定企业文化或经营实务，也不可以向企业的经济收益和短期目标妥协。企业的核心价值观深深根植于企业内部，是没有时限地引领企业进行一切经营活动的指导性原则，也有助于裁决企业业务冲突，它的重要性超越了企业战略目标。

企业的核心价值观必须符合如下标准：

（一）它必须是企业核心团队或企业家的肺腑之言，是他们在企业经营过程中身体力行并坚守的信念。有些企业的核心价值观中有"诚信"二字，但在实际经营过程中并不诚信，那么"诚信"就不是这家企业的核心价值观。企业的核心价值观也不能追求时尚，世界500强企业的核心价值观不一定就是本公司的核心价值观。如现在流行的创新、以人为本、追求卓越等，这些可能是本公司价值体系中的一部分，但并不一定是本公司的核心价值观。

（二）企业的核心价值观必须是真正影响企业运作的准则，是经得起时间考验的，一旦确定下来就不会轻易改变。

（三）所谓核心，就是最重要的。企业的核心价值观不会太多，通常是五六条。

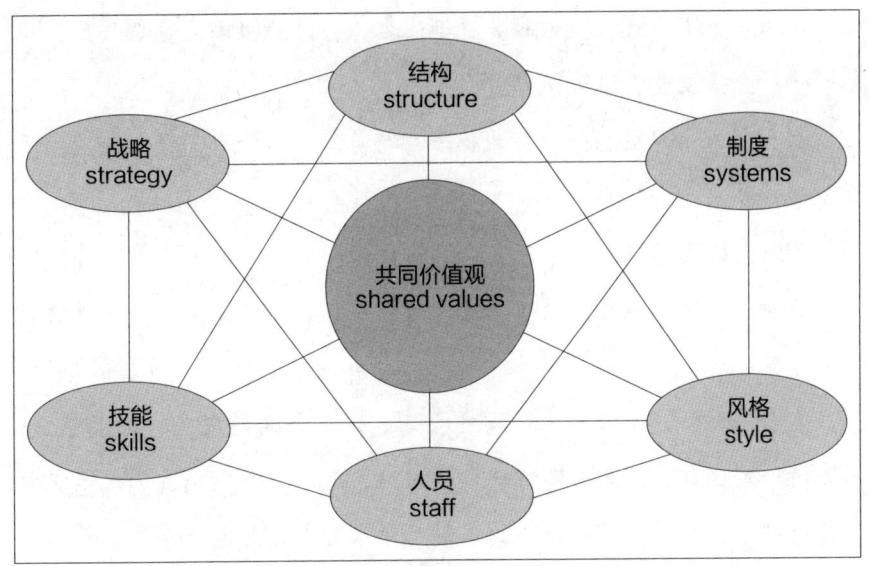

图 2-2　麦肯锡公司组织管理 7S 框架图

企业的核心价值观赏析

迪士尼：健康而富有创造力。

吉百利：业绩、品质、尊重、诚信和责任。

美林：客户为本，尊重个人，团队精神，负责的公民感，正直诚实。

默克制药：企业的社会责任感，企业各方面绝不含糊的质量要求，科技为本的革新，诚实正直，盈利——从为人类造福的工作中盈利。

宜家：创新，人性化，朴实，追求大多数客户利益和意志力。

路透社：准确，独立，可靠和开放，及时，创新和以客户为本。

柯达：尊重个人、正直不阿、相互信任、信誉至上、精益求精、力求上进、论绩嘉奖。

杜邦：安全、健康和环保、商业道德、尊重他人和人人平等。

宝洁：领导才能、主人翁精神、诚实正直、积极求胜和信任。

丰田：上下一致，至诚服务；开发创造，产业报国；追求质朴，超越时代；鱼情友爱，亲如一家。

联合利华：以最高企业行为标准对待员工、消费者、社会和我们所生活的世界。

IBM：成就客户、创新为要、诚信负责。

英特尔：客户服务、员工满意、遵守纪律、质量至上、尝试风险和结果导向。

惠普：相信、尊重个人，尊重员工；追求最高的成就，追求最好；做事情一定要非常正直，不可以欺骗用户，也不可以欺骗员工，不能做不道德的事；公司的成功是靠大家的力量来完成，并不是靠某个个人的力量来完成；相信不断地创新，做事情要有一定的灵活性。

沃尔玛：服务顾客、尊重个人、追求卓越、诚信行事。

万科：创造健康丰盛的人生——客户是万科永远的伙伴，人才是万科的资本，"阳光照亮的体制"，持续的增长和领跑。

华为的核心价值观

成就客户：为客户服务是华为存在的唯一理由，客户需求是华为发展的原动力。我们坚持以客户为中心，快速响应客户需求，持续为客户创造长期价值进而成就客户。为客户提供有效服务是我们工作的方向和价值评价的标尺，成就客户就是成就我们自己。

艰苦奋斗：我们没有任何稀缺的资源可以依赖，唯有艰苦奋斗才能赢得客户的尊重与信赖。奋斗体现在为客户创造价值的任何微小活动中，以及在劳动的准备过程中为充实提高自己而做的努力。我们坚持以奋斗者为本，使奋斗者得到合理的回报。

自我批判：自我批判的目的是不断进步、不断改进，而不是自我否定。只有坚持自我批判，才能倾听、扬弃和持续超越，才能更容易尊重他人和与他人合作，实现客户、公司、团队和个人的共同发展。

开放进取：为了更好地满足客户需求，我们积极进取、勇于开拓，坚持开放与创新。任何先进的技术、产品、解决方案和业务管理，只有转化为商业成功才能产生价值。我们坚持客户需求导向，并围绕客户需求持续创新。

至诚守信：我们只有内心坦荡诚恳，才能言出必行，信守承诺。诚信是我们最重要的无形资产，华为坚持以诚信赢得客户。

团队合作：胜则举杯相庆，败则拼死相救。团队合作不仅是跨文化的群体协作精神，也是打破部门墙、提升流程效率的有力保障。

五、企业战略目标

企业战略目标是企业战略确定后，对战略目标进行量化、明确化、可操作化，如市场份额、利润率、生产率等。

具体目标是战略目标的具体化，是对战略目标从数量上进行界定。

彼得·德鲁克将企业战略目标分为四个层次：一、基本目标层次（获利能力、生产率）；二、社会责任层次（公共责任）；三、市场战略层次（革新、市场信誉产品）；四、结构层次（物质资源和财力资源、经理的绩效和态度）。

贝叶斯将企业战略目标归纳为四个方面：一、盈利能力；二、为顾客、客户或其他受益者服务；三、职工的需要和福利；四、社会责任。

第二节　企业战略的重要性

企业战略是对具体的内部和外部环境进行判断和分析后，在业务方向和关键业务内容上形成的对公司生存和发展有决定性影响的计谋或谋略，其中甚至包括对具体产品发展的定义。它是企业价值在某段时期的实践指南和约束条件，是对客户长期价值保护的、相对稳定的、可见的商业承诺或产品承诺。

企业战略具有时代性，企业需将自身业务和技术发展趋势进行匹配，借助行业技术发展的力量，带动自身产品和服务的发展，或者提升企业运作的效率。没跟上技术趋势和市场发展趋势的企业都会被历史淘汰，超越技术趋势和市场发展趋势的企业往往会浪费战略资源。即任正非所说的："领先半步是先进，领先三步成'先烈'。"

超前太多的技术当然也是人类的瑰宝，但必须牺牲自己来完成。IT泡沫破灭的浪潮使全球的公司损失了 20 万亿美元。据统计分析可以看出，几乎所有的公司都不是因为技术不先进而失败的，而是技术先进到别人还没有完全认识与认可，以致没有人来买，导致产品卖不出去却消耗了大量的人力、物力、财力，丧失了竞争力。许多领导世界潮流的技术，虽然是万米赛跑的领跑者，但不一定是赢家，反而为"清洗盐碱地"和推广新技术而付出巨额成本。

但是企业没有先进技术也不行。华为人的观点是，在产品技术创新上，华为要保持技术领先，但只能领先竞争对手半步，领先三步就会成为"先烈"。明确将技术导向战略转为客户需求导向战略，通过对客户需求的分析，提出解决方案，以这些解决方案引导开发出低成本、高增值的产品。盲目地在技术上引导创新世界新潮流，是会成为"先烈"的。

企业战略中的产品战略是产品研发的指挥杆，有效的产品战略能够激励员工研发出成功的产品，低效的产品战略会使所有研发努力付诸东流。

产品战略确定了业务的主航道，约束着产品研发的方向。没有这个约束，员工就会在不知该产品在公司未来计划中所处位置的情况下来定义产品，使得每个新产品都只能是对市场变化的条件反射或者随意创新。产品定义如果没有列入企业战略中，各个产品就不能形成一体化的产品线，进而会耗散研发力量，造成产品质量和性能失控，或者使产品不能处于有利的竞争地位，从而失去战略优势。

产品战略规划的运作方向是从上到下的，产品战略在整个结构的顶端。它确定了对某个细分市场和客户群体的服务策略，确定产品和技术方向，结合市场分析形成产品和技术路标规划，继而确定产品平台和技术平台路标（即平台战略），对平台战略的性质、时间安排和竞争定位起指导作用。产品的战略分析不能是单纯的市场潜力分析，首先要确定该产品是在公司的主航道上，能基于公司资源形成战略竞争优势，并且通过"五看三定"[①] 等方法，形成整体性的策略和规划。例如，一家电子产品公司寻找到一个制作游戏软件的机会，预测有利可图，在投入大笔资金和花费大量时间进行产品研发后，由于游戏软件产品不在该公司的主航道上，与该公司其他业务不能形成合力，而且与客户形成竞争关系，各体系对游戏软件产品的支持不足，业务难以开展。当该公司认识

---

①五看三定：五看即看行业/趋势、看市场/客户、看竞争、看自己、看机会，三定即定控制点、定目标、定策略。

到这个机会与其战略定位不符时，已经失去了其他更能发挥其技术特长的机会，浪费了大量的战略资源。

产品平台为产品战略奠定基础。将产品平台战略与产品线、单项具体产品的开发区分开来，企业可以更好地将精力集中在各个细分市场和客户需求的开发上，更快地满足客户需求和服务需求。

第三节　小米、华为的企业战略

一、小米的商业战略与产品战略

（一）抓住时代性商业趋势——互联网模式

雷军在互联网行业浸淫 20 多年。他 1992 年加入金山软件，2000 年牵头创办卓越网，2007 年金山软件上市后开始做天使投资。2009 年 2 月，雷军写了一篇文章，说互联网创业的"葵花宝典"就是专注、极致、快和口碑。这是他当时对互联网创业的思考。2010 年 4 月 6 日，在北京四环的银谷大厦内，雷军和几个同事一起喝了碗小米粥，悄悄地创办了小米科技。雷军心里揣了个大抱负：办一个 ten billions company（100 亿美元的公司）。

小米成立后的一年半时间里，雷军隐姓埋名，没有人知道他在做手机，都以为他在做手机系统，因为人们看到的就是 MIUI[①]。

但小米"跑"得很快，两年后，小米就位于手机品牌排行榜前列，米聊用户也超过了 1300 万。

2012 年 5 月，雷军改写了《互联网创业的葵花宝典》，改名为《用互联网思想武装自己》，正式提出创业七字诀：专注、极致、口碑、快。又在后面加了"态度诚意"，就是性价比——更高的配置、更低的价格。在雷军眼中，小米就是淋漓尽致地体现了互联网思维的企业。百度很成功，阿里巴巴很成功，腾讯也很成功，但他们都是有十几年历史的企业，有时候，历史太悠久了，人们反而不在意，也不一定能记得住它是怎么做到的；小米在大家眼皮底下用两年时间做了一遍，就有代表意义。

2011 年，小米第一款手机上市前，在极客公园的大会上，张鹏问雷军为什么做手机，雷军说想找一件自己喜欢干、能干、比较大的事情来做，做手机就是这样的事情。这一年，雷军提出了风口论，认为创业要跟随互联网大势。

智能手机是当时的大势，诺基亚、摩托罗拉等老牌手机江河日下，苹果、三星冉冉上升。偌大的中国市场，放眼望去，一片蓝海。"创业要大成，一定要找到能让猪飞上天的台风口。"一时间，众多创业者纷纷以做"风口上的猪"为目标。

2014 年 1 月 2 日，雷军在微博上公布了小米公司 2013 年的业绩：销售手机 1870 万台，增长 160%；含税销售额 316 亿元，增长 150%；2013 年 12 月销售手机 322 万多台。这一年是小米的巅峰时刻，估值达

---

① MIUI：小米公司旗下基于 Android（谷歌开发的操作系统）深度优化、定制、开发的第三方手机操作系统。

到了 500 亿美元，是一年前的五倍。

2014 年，有朋友开始问雷军，明天的小米能不能持续快速发展。雷军说，自己作为一个 IT 老兵，见过无数企业的荣辱兴衰。科技行业发展日新月异，只要你不进取，就会遇到波折，这是行业规律。但无论小米的未来如何，小米模式一定可以持续。

小米模式是什么？雷军认为，小米本质上不是一家手机公司，而是一家移动互联网公司，互联网通过改变节奏就能改变产业，互联网的节奏就是快。

"天下武功唯快不破。"有时候，快是一种力量，快能掩盖很多问题。企业在快速发展的时候往往风险是最小的，速度一慢下来，问题就暴露出来了。

小米在教育了中国智能手机用户的同时，也教育了中国的智能手机生产商。从 2014 年开始，华为、魅族、360、乐视、锤子，越来越多的手机厂商学会了小米的互联网营销模式。

（二）小米手机芯片——技术上的长线、长期投入

2014 年 10 月 16 日，小米悄悄地开了一家全资子公司松果电子，甚至连开业庆典都没办。雷军说："这么一票人就像特种部队一样，冲向了手机芯片的迷雾，一开始我猜要花三年时间研发。"但从设计、研发、流片（tapeout，试生产），再到搭载在手机上进行测试，小米总共花了 17 个月。松果电子有联芯的基底，但与高通、三星、海思、联发科相比，还需要加速追赶，伺机"弯道超车"或"借力超车"。

雷军知道做芯片九死一生。集成电路产业是必须追求规模效应的产业，手机芯片几乎是集成度最高的元器件，超过 10 亿个晶体管，10 亿元投入起步，10 年出结果。"必须砸钱，砸大钱，持续砸大钱。投资者必须有钱，有耐心，有足够的坚持……如果世界前三大公司都掌握了

芯片的核心技术，小米想问鼎手机这个市场的话，我觉得我们一定要在核心技术上做长线、长期的投入。"雷军说。[①]

二、华为手机战略

（一）华为手机的崛起

据市场研究机构 IC Insights 的统计，在 2015 年之前，小米和华为手机的出货量均呈快速增长趋势。2016 年，华为手机的出货量持续增长，小米手机的出货量则出现下滑。华为手机出货量稳健增长得益于华为手机业务的战略调整。

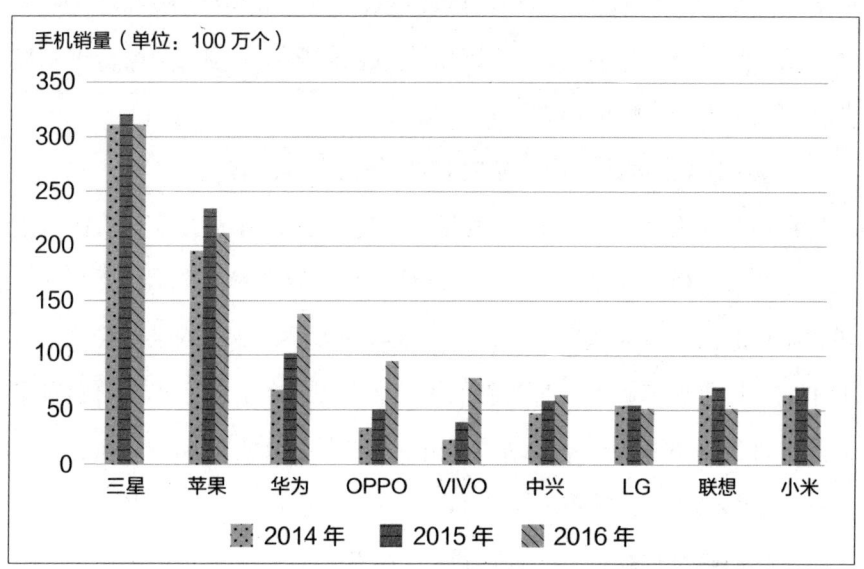

图 2-3　IC Insights 公布的 2014—2016 年智能手机厂的出货量

①全景网. 雷军，慢下来 [EB/OL].（2017-03-14）[2017-09-10].https://xueqiu.com/1191579
772/82446133.

（二）华为手机业务的战略调整及实施

自从余承东负责华为消费者业务后，华为手机业务有了大调整：从 ODM（原始设计制造商）白牌运营商定制，向 OEM（原始设备生产商，又称代工生产）华为自有品牌转型；从低端向中高端智能终端提升；放弃销量很大但并不赚钱的超低端功能手机；启用华为海思四核处理器和 Balong（巴龙）芯片；开启华为电商之路；启动用户体验 Emotion UI [①] 设计；确立硬件世界第一之目标。

1.成立荣耀品牌，开展互联网营销，直接与小米进行互联网营销竞争。

华为荣耀 3C 手机的成功营销是华为手机崛起的起点。它模仿小米进行互联网营销，追求性价比，开展抢购模式，迅速扩大了华为手机的影响力。华为手机的网络营销区域也随着小米从微博转到微信、QQ 空间，结果吸引了大批粉丝，网络营销很成功。领导荣耀品牌的余承东在微博上被称为余大嘴，拥有很高的人气。

2.从 ODM 白牌运营商定制向 OEM 华为自有品牌转型。

在白牌运营商定制阶段，运营商对定制手机的定位是充话费送手机，这使得市面上大量的华为手机被认为很廉价，根本拿不出手。而且华为手机的出货量太依赖于运营商，这给华为手机业务的未来带来很大的不确定性，也不利于自身品牌的树立。所以，华为除了单独打造荣耀品牌，进行网络销售，拓宽销售渠道，还开始推出自有品牌手机，研发和推广中高端手机。

3.实行精品战略，发布高端机。

从 2013 年在 CES（国际消费类电子产品展览会）上发布华为

———————

① Emotion UI：华为基于 Android 开发的情感化用户界面。

Ascend Mate 1 开始，华为手机精品不断。华为 P6 是华为进军高端机的开始，并且获得了大卖。之后的华为 Mate7、P7 虽然价格超过 3000 元，但依然供不应求。2017 年年初推出的华为 Mate9，除了标准版的 Mate9/Pro 之外，还追加了保时捷限量版，价格被炒到上万元仍供不应求。这些手机的推出和热销，成功地奠定了华为高端机的形象。

4. 拥有核心技术、众多专利，顺利实现全球化。

华为的技术投入在国内排名第一，拥有专利的数量位于世界前列，有自己的手机处理器，这是其他国产手机品牌所欠缺的。拥有众多专利的华为在全球化过程中很顺利，且母公司做通信业务，和各国运营商的关系不错，便于迅速拓展渠道，这也是华为"走出去"的底气。目前华为的手机销量在全球范围内排第三名，前两名是三星和苹果。

第四节　任正非谈华为产品战略

华为没那么伟大，华为的成功也没什么秘密！华为为什么成功？华为就是典型的阿甘，阿甘就一个字——"傻"！阿甘精神就是目标坚定、专注执着、默默奉献、埋头苦干。华为就是阿甘，认准方向，朝着目标，傻干、傻付出、傻投入。

华为选择了通信行业，这个行业比较窄，市场规模没那么大，面对的又是世界级的竞争对手，我们没有别的选择，只有聚焦，只能集中配置资源朝着一个方向前进。犹如部队攻城，选择薄弱环节，尖刀队在城墙上先撕开一个口子，两翼的部队蜂拥而上，把这个口子从两边快速拉开，千军万马压过去，不断扫除前进中的障碍，最终形成不可阻挡的潮流，将缺口冲成了大道，城就是你的了。这就是华为人的傻干！

华为走到今天是华为人的"傻付出"，舍得付出。我们从几百万元做到今天的近四千亿元，经历了多少苦难！流了多少辛酸泪！这是华为人用命搏来的。华为人就是比别人付出的更多，华为人付出了节假日，付出了青春和健康，靠的是常人难以理解和忍受的长期艰苦奋斗。

华为不是上市公司，不受资本市场的约束和绑架，我们可以为理想和目标"傻投入"，所以我们可以拒绝短视和机会主义，我们只抓战略机遇，非战略机会或短期捞钱机会可以放弃，这是资本和股东做不到的，只有理想主义者可以做得到。为理想和远大目标，我们敢于加大技术、人才、管理体系和客户服务的长期投入，看准了，舍得为未来的目标连续投、长期投（每年将销售收入的百分之十以上投入研发，研发总投入超3000亿元；管理咨询投入超300亿元；纳税1900多亿元），避免了短期行为，耐得住寂寞，忍受得了艰苦和磨难。华为就是一只大乌龟，20多年来，只知爬呀爬，全然没看见路两旁的鲜花，不被所谓互联网"风口"所左右，回归商业精神的本质，坚定信心走自己的路。

华为随便抓一个机会就可以挣几百亿元，但如果我们为短期利益所困，就会在非战略机会上耽误时间而丧失战略机遇。所以，华为的"傻"还体现在不为短期挣钱机会所左右，不急功近利，不为单一规模成长所动，敢于放弃非战略性机会，敢赌未来。敢赌就是战略眼光，就是聚焦于大的战略机会，看准了，就集中配置资源压在关键成功要素上。华为多年来只做了一件事，就是坚持管道战略，通过管道来整合业务和产业。通信网络管道就是太平洋，是黄河、是长江，企业网是城市自来水管网，终端是水龙头，沿着这个整合，都是管道，对华为都有用。当然，管道不仅限于电信，管道会像太平洋一样粗，我们可以做到太平洋的流量能级。未来物联网、智能制造、大数据将对管道基础设施带来海量的需求，我们的责任就是提供连接，这是一个巨大的市场。[①]

一、坚持管道战略——"上不碰内容，下不碰数据"

我们要做一个管道操作系统，下面操作管道，上面中间平台是网络集成，对上还要能力开放，把所有内容接进来，实现管道的三点衔接，即任何两个点经过一个转接点就能接通。我们的网络已覆盖全世界的三分之一，是有可能减少我们内部的转发。当接通需要转发的次数变少，价格成本也就降低了，速度也快了。管道操作系统"上不碰内容，下不碰数据"，只是负责信息流量的传送，但我们并不知道送出去的是什么，只要传送了就要收费，包括信息垃圾。有人说，我们需要过滤垃圾，否则将来流量太大。如果我们现在要去区分数据的有用性、无用性，就成了一个内容公司，要同时打赢两场战争：信息传送和信息过滤。我们公司有这样的能力做到都是佼佼者吗？如果有一场战争不是佼佼者，会不会导致全局失败？而且我们也不能利用别人的数据来产生新的数据做经营，那会涉及国家的安全问题。

我们说管道操作系统"上不碰内容，下不碰数据"，并不是建立两个混凝土的夹层墙来隔源。在支撑别人的过程中，我们一定要充分理解

[①]钛媒体.任正非访谈：华为没有方法论，就一个字"傻"[EB/OL].（2015-12-29）[2017-09-10].
http://www.tmtpost.com/1493183.html.

客户需求，包括对方提供的内容需求。我们是融合在里面，给内容提供良好的服务，让内容能够通过我们的中间件运转起来。数据在我们平台里运转，又还给数据；内容在平台里运转，又还给内容。就像银行流转钞票，但并不拥有，钞票都是别人的。[1]

二、图像时代、大视频

（一）抓住图像时代战略机遇，聚焦平台，撕开口子，纵深发展，集中兵力打歼灭战。

你们在德电已经炸开了一个小城墙口，我认为你们要聚焦这个城墙口，去撕开这个口子，要向纵深发展。现在用户38万，若3800万又怎么办呢？因此，我们第一梯队要不怕流血牺牲，英勇奋斗，要撕大这个口子。

今天我们刚撕开了一个口子，如果这个口子不够纵深，我们就"起个大早，赶个晚集"。谁都知道这是机会窗，AT&T（美国电话电报公司）并购时代华纳的出现，说明图像时代已经到来。以前说是假设，怎么是假设呢，时代华纳和AT&T合并，就是视频的全球化。这不是假设了，这是"世界大战"都开始了，我们还能坐在秦淮河边，享受六朝古都的温柔吗？

（二）我们要迅速建立第二梯队，在云架构的基础上建立大视频。要敢于从世界各国吸收大架构师。

---

[1]华为总裁办.任总与Fellow座谈会上的讲话[EB/OL].（2016-07-22）[2017-09-10].http://xinsheng.huawei.com/cn/index.php?app=forum&mod=Detail&act=index&id=3007315&search_result=1.

无线的家庭视频接入当前还是不现实的，现实的接入还是通过光纤。无线的家庭视频接入问题，我们认为可能出现在两年以后，因此家庭信息消费也是战略机会点。视频领域未来机会非常大，但要分阶段实施。我认为第一阶段要以光纤和 FTTX（光纤接入）为基础类的视频化，接下来两年后才会有无线的视频化。

今天我们已经撕开口子了，要继续以"范弗里特弹药量"扩大这个战果。我们的"范弗里特弹药量"不是弹药，是人才！堆上人才，我们一定要纵向发展、横向撕开，进行发展。

你们做视频的平台，最终是撑大了网络，撑大了无线网。[1]

我认为未来人类社会的信息流量 90% ～ 95% 应该是图像，那我们怎样才能给图像提供一个支撑平台呢？我们首先要对图像有所了解，未来图像的算法是什么？图像有什么基因？我认为日本在图像上是领先世界的。从明天的图像体系建设上来看，我们沿着现有的基因，能否解决未来的算法问题？当然我讲的不光是 4K 电视（超高清电视），不光是 VR（虚拟现实技术）的问题，还有更多的问题等待解决。我认为日本是有这方面基因的，和全世界所有研究所联合起来，我们是有可能在图像技术上领先世界的。当然我们不是要去做电视机等图像产品，而是我们做的平台要能支撑传送未来的图像（徐直军：我们上午讨论过这个问题，即将成立的日本图像研究所就是要支撑智能手机照相上、摄像上在产业界做到最佳，包括照相、图像处理、图像存储、图像显示全流程，图像研究所都要做贡献）。徐直军讲的只是我们的最低纲领，我们的最

---

①华为总裁办.聚焦平台，加强血液流动，敢于破格，抢占世界高地——任总在南研所业务汇报会上的讲话 [EB/OL]. (2017-01-17) [2017-09-10].http://xinsheng.huawei.com/cn/index.php?app=forum&mod=Detail&act=index&id=3336837&search_result=1.

高纲领是要解决视频类算法问题。①

三、低成本、大带宽、低时延

　　未来信息社会和智能社会的最大要害是宽带的低成本和网络的低时延。

　　现在整个网络都在从传统网络向数据网络再到大流量的视频网络进行转变，未来的世界将转向大视频。大视频网络的要害是宽带的低成本，智能社会最根本的要害是网络的低时延。面对图像和视频时代，面对智能社会时代，我们的网络架构还是不是今天的架构？基于 IP（网络协议地址）的路由器、交换机、传送设备还是不是今天的技术？未来的数据中心又会是什么样子？解决智能社会的网络大宽带和低时延，这对我们是一个很大的挑战。

　　我们在视频领域的主要技术方向是大带宽、低成本的传送以及超高清视频、图像的实时处理。②

---

①华为总裁办.任总与日本代表处、日本研究所员工座谈纪要[EB/OL].（2016-09-09）[2017-09-10].http://xinsheng.huawei.com/cn/index.php?app=forum&mod=Detail&act=index&id=3162091&search_result=2.

②华为总裁办.美丽的爱尔兰是软件的大摇篮——任总与爱尔兰研究所专家及爱尔兰大学科学家座谈纪要[EB/OL].（2017-01-18）[2017-09-10].http://xinsheng.huawei.com/cn/index.php?app=forum&mod=Detail&act=index&id=3337709&search_result=1.

四、加大对热物理的研究，加强对热工程基础技术的投入

散热是电子工业进步最重要的一个环节。10 年以后，每个芯片的热散密度会增加 10 ～ 20 倍，散热问题可能成为我们这个行业中最尖端的问题。我们在芯片功耗墙方面的问题现在还没有突破。关于热，有两个问题：一个是电子芯片为什么会发热，怎么减轻它的发热程度？最后渗入分子、原子——物理研究领域里了。一个是在不可能减少电子芯片发热的情况下，怎么把芯片的热散发出去？当前芯片的工艺已经进入了困境，在没有新材料能取代硅片之前，我们认为散热技术就是电子工业进步的最关键技术。

五、不在非战略机会点上消耗战略竞争力

我们要精减非主航道、非战略机会点项目的编制，要千军万马去抢夺战略机会窗开启时期的胜利。我们要的是胜利，不是过程。各主战场的部门不要排斥其他项目因调整进入的骨干，不要以他们的专业不合适为借口。颠覆往往都是由外行引起的，年轻人从事的工作往往与其所学的专业无关。在一些战役关键时刻，战略预备队也被打光了，常常是卫生兵、炊事员、理发员、警卫员、通信兵等组成的杂牌部队继续打，他们是赢得胜利的最后一根稻草。各级主管要有全局观，让干部循环流动起来。不放一些优秀干部走入主战场，结果让他们失去立功的机会，比他们更年轻的人升为"将领"，他们会真心拥护你吗？你辖区的新生力量没了晋升机会，他们会拥护你吗？你以为扣住人你就会成功吗？君不知 20 多年来，从华为走出去多少优秀青年，留下我们这些"傻子"，

他们不走我们这些"傻子"会有机会吗？他们把胜利的光荣让给了我们，我们不是受到家人表扬了吗？我们既然胸怀世界，就要敢于气吞山河，团结一切你不愿团结的人，包括反对过你而且又反对了的人，也包括反对过你却反错了的人。没有胸怀，怎么会有天下！①

三个平台不平均投放能力，要集中兵力在最有机会的一个平台上打歼灭战，在市场拱起来，另两个平台才能被拖到半坡上。

大家不要把主航道理解成唯一航道，多路径朝着一个目标和方向不叫背离主航道。我们公司在奔向无人区的前进中，只要多路径，就不会出现僵化；只要多梯次，就不会出现惰怠。

要学会在非战略目标上拒绝客户的需求，专心致志地做好一款产品。②

第五节　企业战略规划

企业战略对企业而言至关重要，因为企业战略错了，一切努力都将

---

① 行走的百科全书 . 十分钟读完 2016 年老板讲了啥 [EB/OL]. (2017-03-10) [2017-09-10]. http://xinsheng.huawei.com/cn/index.php?app=forum&mod=Detail&act=index&id=3404631& search_result=1.

② 华为总裁办 . 聚焦战略平台，加强血液流动，夺取未来胜利——任总、郭平、徐直军在电信软件业务汇报会上的讲话 [EB/OL]. (2016-09-18) [2017-09-10].http://xinsheng.huawei.com/cn/index.php?app=forum&mod=Detail&act=index&id=3171265&search_result=1.

付之东流。

企业如何才能做正确的事情呢？

第一，进行企业战略规划。

企业战略位于企业顶层设计架构中的第四层，是企业价值观的具体说明，是对客户长期价值保护的、相对稳定的、可见的商业承诺或产品承诺。做企业战略规划应先从挖掘具体业务的价值驱动因素着手，选取对企业价值敏感度最高而又切实可行的作为主要杠杆，然后制订明确的行动计划和相应的业绩衡量指标，以保证企业战略的贯彻执行。

企业管理者应当以科学实证的态度对待企业战略规划，而不是做走过场的表面文章；为保证公司总体战略一致，总部和业务单元可进行交互式的战略规划；相应的数据搜集和财务模型的建立是做好企业战略规划所必需的技能和工具；企业战略规划应对企业未来三年的目标、机遇和挑战做出详细的分析。

企业管理者进行企业战略规划的过程，也就是通过价值管理创造价值的过程。从企业战略规划角度，可将企业商业价值分为两类：一是从现有业务中创造价值，主要对应后文所讲的 LTC 业务流；二是从新业务中创造价值，主要对应后文所述 IPD 流程。

企业战略规划包括以下几个方面：

行业发展前景分析——通过对经营环境及行业竞争态势的系统分析，确定企业的机会与威胁；

企业内部经营状况分析——通过对自身经营及管理状况的系统分析，确定企业的核心优势与劣势；

企业业务战略规划——根据企业自身的优势、劣势、机会和威胁，确定企业的产品战略、客户战略、市场战略及产业战略；

确定业务发展目标——根据既定的企业战略分析、战略设计以及企业发展的阶段来确定业务发展目标；

企业职能战略规划——从市场营销、产品研发、生产制造、财务投资、人力资源等多个方面对企业职能战略进行系统规划；

企业核心能力规划构建——根据业务目标和职能战略发展需要，规划和构建企业的核心能力，培育竞争优势；

企业战略实施评价与管理——定期对企业发展战略实施状况进行分析和检讨，及时纠偏，保证按照既定战略选择和定位执行。

第二，从企业战略出发，不断完善和创新商业模式。

商业模式的创新可以通过重新组合和优化企业价值链来实现，也可以通过改变企业运营模式、服务模式甚至经营模式来实现。

第三，管理企业年度经营计划。

企业年度经营计划既是对中长期发展战略规划的细化和承接，也是企业对特定的财务年度总体经营和关键工作的规划。

企业的发展战略确定了方向和目标，完善和创新商业模式可以帮助企业找到提升经营能力的捷径，而年度经营计划则为企业中长期发展战略的顺利实现提供保障和积累。

一、企业战略管理体系

任正非 2014 年 4 月 16 日在华为上海研究所专家座谈会上表示，互联网时代不是指网络，一定不要把互联网时代理解成网络时代；互联网已经成了人们的基本需求，网络只是一个承载工具，端到端连起来，老百姓也是互联网的组成部分。这样的认识，对于中国传统制造业来讲，具有非常现实的指导意义：大家不要被所谓的互联网经济所迷惑，要知道，没有几家企业会成为阿里巴巴，也没有几家企业会成为小米。对于传统制造业来讲，还是要把眼睛盯紧市场，把功夫下在市场，尽力把人用好，把管理搞上去。图 2-4 为华为的战略管理体系结构：

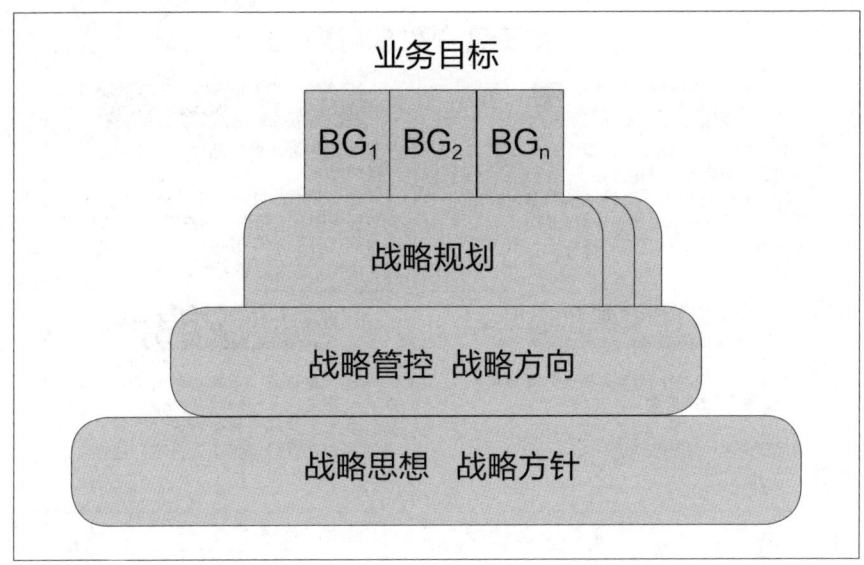

图 2-4　华为的战略管理体系结构

（一）战略思想

为客户服务是华为存在的唯一理由，客户需求是华为发展的原动力；质量好、服务好、运作成本低，优先满足客户需求，提升客户竞争力和盈利能力；持续管理变革，实现高效的流程化运作，确保端到端的优质交付；我们与友商共同发展，既是竞争对手，也是合作伙伴，共同创造良好的生存空间，共享价值链的利益。

（二）战略方针

主航道，多路径，多梯次；质量好，服务好，成本低，优先满足客户需求；市场技术化，技术市场化；构建世界一流的管理体系；开放合作，全球布局市场、技术和人力。

（三）战略管控

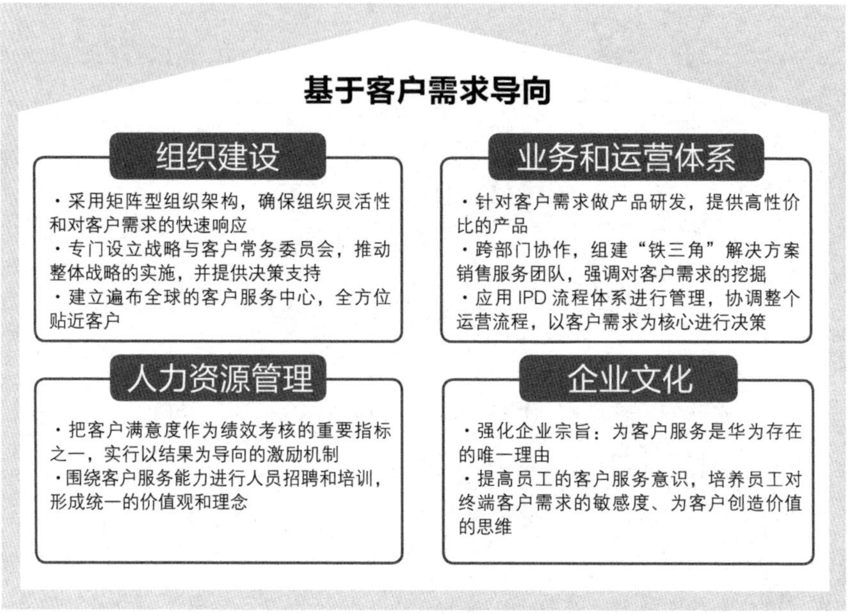

基于客户需求导向

组织建设
· 采用矩阵型组织架构，确保组织灵活性和对客户需求的快速响应
· 专门设立战略与客户常务委员会，推动整体战略的实施，并提供决策支持
· 建立遍布全球的客户服务中心，全方位贴近客户

业务和运营体系
· 针对客户需求做产品研发，提供高性价比的产品
· 跨部门协作，组建"铁三角"解决方案销售服务团队，强调对客户需求的挖掘
· 应用 IPD 流程体系进行管理，协调整个运营流程，以客户需求为核心进行决策

人力资源管理
· 把客户满意度作为绩效考核的重要指标之一，实行以结果为导向的激励机制
· 围绕客户服务能力进行人员招聘和培训，形成统一的价值观和理念

企业文化
· 强化企业宗旨：为客户服务是华为存在的唯一理由
· 提高员工的客户服务意识，培养员工对终端客户需求的敏感度、为客户创造价值的思维

图 2-5　华为的战略管控

（四）战略方向——主航道定义

战略方向是管理层基于企业战略规划和战略分析，基于价值转移趋势和生态链分析，分析市场后，结合企业自身组织能力，形成的企业战略性的主航道及业务方向要求，是公司确定的主航道。

华为 2012 年年初的战略方向定义（即业务主航道定义）是：为适应信息行业正在发生的革命性变化，华为做出面向客户的战略调整，华为的创新将从电信运营商网络向企业业务、消费者领域延伸，协同发展"云—管—端"业务，积极提供大容量和智能化的信息管道、丰富多彩的智能终端、新一代业务平台和应用，给世界带来高效、绿色、创新的信息化应用和体验。华为将继续围绕客户的需求持续创新，与合作伙伴开放合作，致力于为电信运营商、企业和消费者提供 ICT 解决方案、产品和服务，持续提升客户体验，为客户创造最大价值，丰富人们的沟通和生活，提高工作效率。

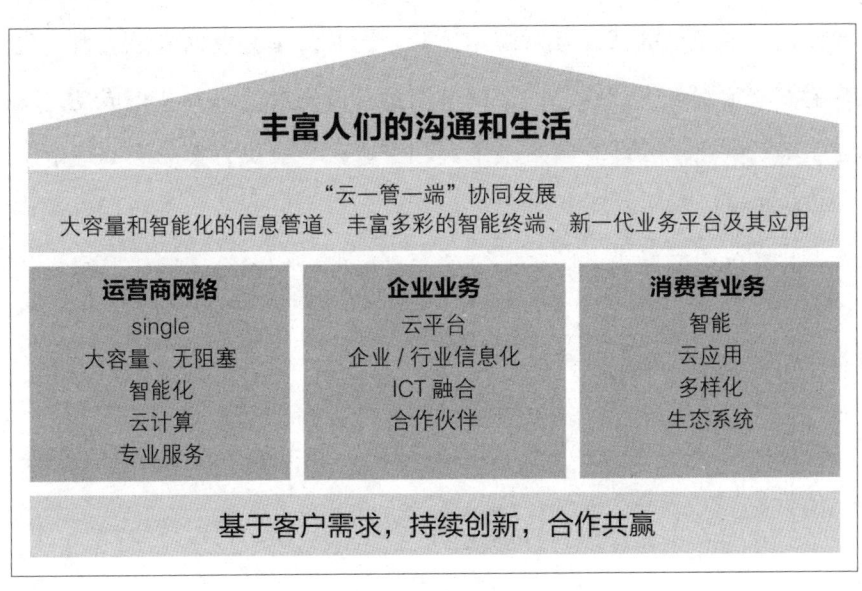

图 2-6　华为的"云—管—端"战略定义

运营商网络：华为向电信运营商提供统一平台、统一体验、具有良好弹性的 single（单一）解决方案，支撑电信网络无阻塞地传送和交换数据信息流，帮助运营商简化网络及其平滑演进和端到端融合，快速部署业务和简单运营，降低网络 CAPEX（资本性支出）和 OPEX（运营成本）。同时，华为专业服务解决方案与运营商深度战略协同，应对无缝演进、用户感知、运营效率和收入提升等领域的挑战，助力客户商业卓越。

企业业务：华为聚焦 ICT 基础设施领域，围绕政府及公共事业、金融、能源、电力和交通等客户需求持续创新，提供可被合作伙伴集成的 ICT 产品和解决方案，帮助企业提升通信、办公和生产系统的效率，降低经营成本。

消费者业务：华为将继续以消费者为中心，通过运营商、分销和电子商务等多种渠道，致力打造全球最具影响力的终端品牌，为消费者带来简单愉悦的移动互联应用体验。同时，华为根据电信运营商的特定需求定制、生产终端，帮助电信运营商发展业务并获得成功。华为还将对网络、云计算、未来个人和家庭融合解决方案的深刻理解融入各种各样的终端产品中，坚持"开放、合作与创新"，与操作系统厂家、芯片供应商和内容服务商等建立良好的合作关系，构建健康完整的终端生态系统。

（五）战略与目标

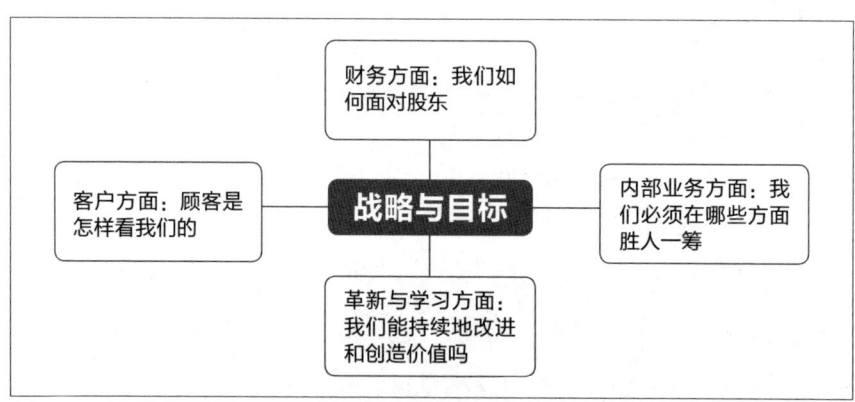

图 2-7　企业战略与目标

财务方面：销售收入增长率、新产品销售比重、税前利润率、新增可参与市场空间、市场份额、市场准入目标完成率。

客户方面：客户满意度、平均产品包需求[①]稳定度、公司品牌资产指数。

内部业务方面：业务计划[②]及时评审通过率、任务书及时通过率、规划不准导致的PCR（计划变更请求）比例、市场响应速度、流程符合度、团队成员稳定度、团队运作健康度、问题累计关闭率、人均客户拜访次数等。

内部流程方面：质量、成本、服务、周期。

学习成长方面：IT建设、干部培养、任职资格、培训体系。

二、企业战略规划管理过程和业务规划流程

对于企业战略管理，各企业需要制订工作日历，管理层与业务层协同开展。

图2-8　企业战略管理过程

SP：strategy planning的缩写，意为战略规划

---

①产品包需求：产品包是产品提供给用户时的全方位呈现，包括产品的外观、功能、性能、价格等。产品包需求指产品包为满足各方面的要求所需要具有的特性。

②业务计划：产品开发过程中的关键计划之一，其中包括产品的市场定位、市场策略、开发计划、生产制造策略以及财务分析等内容，在开发的各个阶段需要不断修正、丰富，是概念决策评审、计划决策评审的关键交付物。

BP：business planning 的缩写，意为业务规划

企业战略主要是参考业务部门的市场管理流程进行业务设计。企业战略规划的内容以战略管控的目标、范围及要求为依据进行限定。

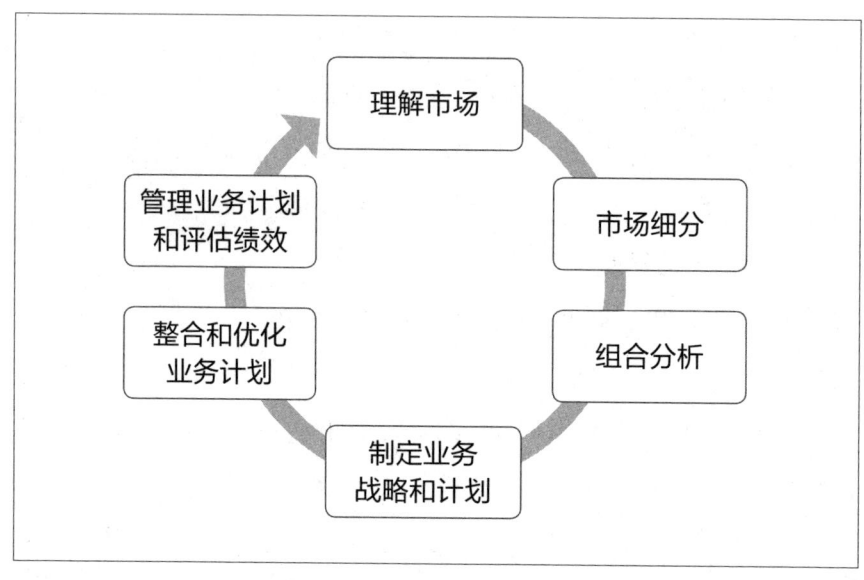

图 2-9　市场管理流程

三、产品战略与平台战略规划配合

在进行市场细分和产品组合分析时，需要同步进行产品平台分析，将客户面、交付面、运维面的系统组合划分出来，形成宏观的产品平台定义。由于产品平台的稳定性、长期性、决定性及影响面大的特点，最好在产品初期就有系统化的模型和市场分析，并持续进行规划，避免后期因产品惯性无法修改带来诸多问题。

图 2-10 为平台战略的部分示例，仅供参考：

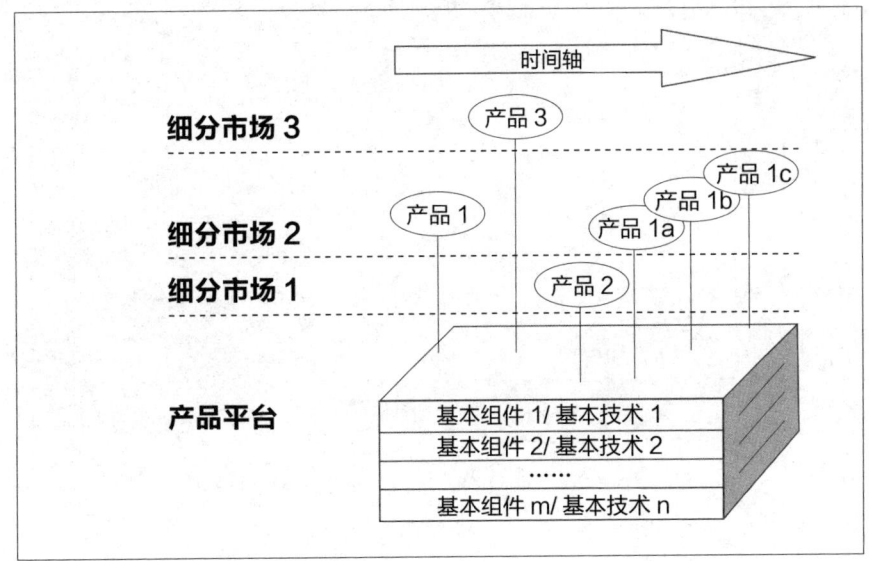

图 2-10　基于细分市场的产品和产品平台定义

产品平台是整个系列产品所采用的共同要素的集合，包括共用的系统架构、子系统、模块 / 组件、关键技术。

产品平台规划是为了形成模块化、结构化的开发过程，实现 IPD 的核心思想——"基于平台的异步开发[①]模式及重用策略"，如图 2-11 所示。基于产品平台的客户化产品开发可以快速交付市场并满足客户需求，同时，对产品平台进行层层分解，可以将不成熟的技术进行逐层开发，逐层集成，形成多层次、系统化的交付结构。

---

①异步开发：将产品开发工作按技术领域纵向分层，如（软 / 硬件）技术层、子系统层、平台层、集成服务层，具有不同技术专长的部门或团队并行地、异步地开发和完成不同技术层次的工作，每层技术专长都相对集中，从而达到技术和资源的共享。

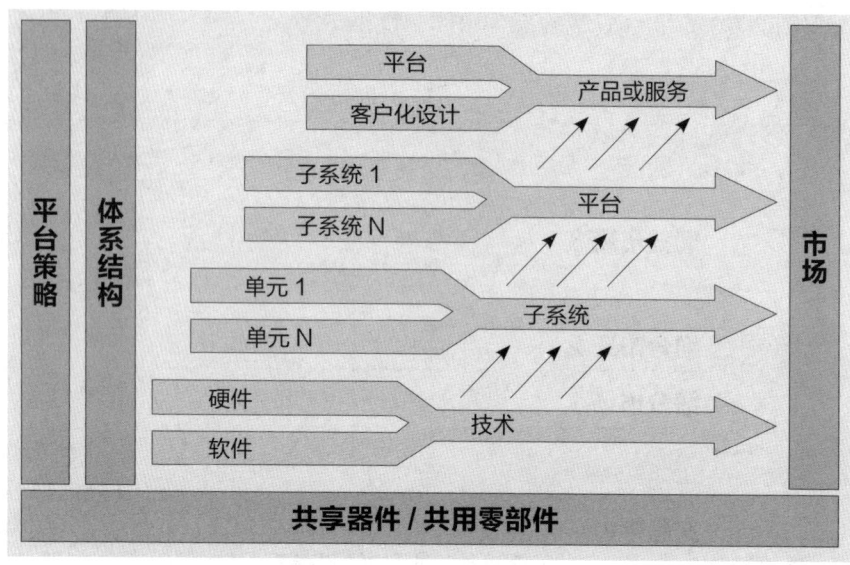

图 2-11　基于平台的异步开发模式及重用策略

第六节　延伸阅读：失败的企业战略管理案例

一、铱星计划的失败

（一）铱星计划

从铱星（Iridium）计划开始的第一天起，摩托罗拉就和它绑在了一起。

1991 年，摩托罗拉公司正式决定建立由 77 颗低轨道卫星组成的移动通信网络，并以在元素周期表上排第 77 位的金属"铱"命名。

铱星系统是由环绕地球的低轨卫星网组成的全球卫星移动通信系统，是地面固定电话网和移动电话网的延伸和补充，通过无缝隙的全球覆盖，为用户提供随时随地、及时便捷的通信服务。

摩托罗拉在无线电通信方面的实力很强，它的调频技术和天线技术当时都是领先于世界的。同时，作为美国军方和政府部门的供应商，摩托罗拉和美国军方、政府部门都保持着良好的关系。市场似乎对于摩托罗拉来说从来都不是问题。这给摩托罗拉的决策层带来了一个惯性思维，那就是：市场，早晚都会是我们的。

（二）梦想的陨落

铱星系统于 1996 年开始试验发射，总投资为 34 亿美元，设计使用寿命为五年。1998 年 11 月 1 日，在进行了耗资 1.8 亿美元的广告宣传之后，铱星公司展开了通信卫星电话服务。在开幕式上，当时的美国副总统阿尔·戈尔用铱星打了第一通电话。电话机的价格是每部 3000 美元，每分钟话费 3 ~ 8 美元。

由于铱星的技术是基于看得见的天线和轨道上的卫星，因此用户在车里、室内和市区的许多地方都无法使用电话，甚至在野外的用户还得把电话对准卫星方向来获取信号。正如一位高级商业顾问所说："你无法想象一个出差到曼谷的首席执行官走出大楼，走到街角，然后掏出一部 3000 美元的电话来打。"就连摩托罗拉的前首席执行官乔治·费希尔在一次采访中也承认："无法做到小型、无法在室内使用绝非我们的最初构想，无论是什么原因，它都大大损害了这一项目。"

而在同时过去的 10 年里，第二代地面移动通信发展迅猛，整个世界通信系统的趋势是手机越做越小，商家为了赚取话费，甚至无偿赠送手机，手机已经完全占领了市场。这夺走了铱星公司的目标市场。

相对于地面移动电话系统，铱星系统本身存在许多不足：铱星系统价格昂贵；手机个头笨重，运行不稳定，不能在室内和车内使用等。由于手机的缺陷、销售力量不足、价格昂贵，铱星系统运营后的两个季度在全球只发展了一万用户，到申请破产为止，这个实际耗资 50 亿美元建立的通信网中只有 5.5 万名用户；而一些分析家认为该公司要实现盈利平衡至少需要 65 万名用户。要建立忠诚的用户基础，所费的时间远远超过铱星公司的估计和许诺。相对于地面移动通信，尤其是移动电话领域，铱星公司在时间上已失去了市场机会。

由于无法形成稳定的客户群，铱星公司亏损巨大，连借款利息都偿还不起，摩托罗拉公司不得不将一度辉煌的铱星公司申请破产保护，在回天乏力的情况下，只好宣布终止铱星服务。铱星的服务于美国时间 1999 年 3 月 17 日 23 点 59 分终止，铱星公司正式宣布破产——铱星系统从正式宣布投入使用到终止使用不足半年时间！

（三）反思

铱星公司的决策层中很多人都有这样的想法——只要我们的技术足够先进，市场早晚都会是我们的。

一家公司赖以生存的东西是什么？不同公司的人有不同的回答，但是要在所有的答案中找一个"交集"的话，"市场"应该是大家都认可的答案。作为一家高科技公司，铱星公司的人对于这个问题的回答却是"技术"。

另外，手机的普及之快超过了铱星公司决策层的预想。按照铱星复杂的科技，从构想到推广的时间是 11 年。但在这期间，手机已经几乎覆盖了整个欧洲，甚至还进入了发展中国家，如中国和巴西。

如今有谁知道人类登上月球，从远在 384000 千米的地方传来的语音和电视信号是依靠摩托罗拉呢？摩托罗拉参与了登月计划，宇航员尼尔·阿姆斯特朗在月球上说的第一句话是通过摩托罗拉政府电子部设计并制造的转发器传回地球的。

二、诺基亚——2G^① 时代的王者，错失智能手机时代

诺基亚成立于 1865 年，最初主要从事造纸生意，随着企业的不断扩大、业务类型的不断增多，最终定位于移动服务，成功转型为移动设备制造商，并随着这一产业在全球的兴起而成长为全球最大的手机生产商。从 1996 年开始，诺基亚在长达 14 年的时间里始终占据着世界手机份额第一的位置，2000 年市值更是达到 2500 亿美元。但是从 2011 年起，诺基亚手机销量全球第一的地位就被苹果和三星超越，诺基亚的手机销售额开始滑坡。在智能手机时代，高端、中端、低端手机均竞争激烈，而诺基亚止步于智能机，最后进入智能机市场也是为生存而战，身陷不上不下、进退两难的尴尬境地。

2013 年 9 月 3 日上午，微软和诺基亚正式联合宣布，微软以 71.7 亿美元并购诺基亚手机业务部门，并获得相关的专利授权。这意味着诺基亚失去了其昔日最耀眼的明珠，只剩下地图和网络通信两块非核心业务。

诺基亚为什么会失败？ 2016 年 10 月，曾经带领诺基亚登上巅峰的前 CEO 约玛·奥利拉出版了回忆录《排除万难》，该书详细记录了诺基亚从濒临倒闭走向辉煌，又从辉煌一步步走向没落的整个过程。

其实在苹果公司推出智能手机之前，诺基亚的领导层就认为智能手机很可能是移动通信的未来，系统软件则是决定公司成败的关键。但是，不断的失误让诺基亚错失了发展的良好时机，虽然市场份额还在扩

---

① 2G：第二代手机通信技术。

大，但诺基亚并没有在智能手机和新系统开发方面做足准备，这也为其被后来者反超埋下伏笔。

2007 年第四季度，诺亚基在全球市场占有率超过 40%，牢牢占据榜首位置。不过，也是在这一年，苹果公司推出了第一款全触屏智能手机。约玛·奥利拉召集 12 名高管谈话，问他们对苹果手机的看法，其中两人认为苹果手机不构成严重威胁，另外十人都觉得不能低估苹果手机。尽管有这次谈话，约玛·奥利拉也没能带领诺基亚冲出苹果手机的包围圈。他在书中直言，即使公司已意识到了苹果公司带来的威胁，但仍难扭转命运："我们都知道问题所在，但内心深处却无法正视现实。公司的大型计划仍持续进行，我们应该关注长远前景时，却只检讨了下一季度的销售预测。"

2016 年 10 月 17 日，约玛·奥利拉去纽约访问时谈到了诺基亚没落的原因：一是美国西岸的计算机产业传统和操作系统太过强大，这是主要因素；二是对大型企业而言，船大难掉头。

尽管诺基亚的人认识到自己的手机需要一个比当时的塞班系统更好的操作系统，用来和苹果的 iOS[①] 竞争，也知道研发需要数年，却害怕在当时公开承认塞班"技不如人"，担心因此被外部投资者、供应商以及消费者认为是"失败者"，从而被他们抛弃。一位诺基亚公司高管说："打造一个新的操作系统需要时日，这就是我们不得不坚守塞班的原因。"

从企业战略管理角度来说，诺基亚失败的原因是对从长远看来可以与苹果 iOS 一搏的操作系统开发重视不够，注重运营而对新技术投入不足，缺乏企业战略规划和战略投资。

---

① iOS：由苹果公司开发的移动操作系统。

HUAWEI

第三章

全面认识 IPD

CHAPTER 3

　　我们公司的产品属于长线领域而不是短线领域。如果是短线领域的产品呢？无所谓，搞几个人做做，什么 IPD 也没有必要，就咱们几个说了算；什么文档也不需要，就全记到我们的脑子里。短线领域的产品我们是可以做到的，但是长线领域的产品不行。

——任正非

超过 80% 的世界 500 强企业正在应用 IPD 思想。学习 IPD，学习的是成功企业优秀实践的经验总结和提炼，是更快地学习和应用成功企业的优秀实践——站在巨人的肩膀上能更快地提升能力，少走弯路。

第一节　与 IPD 相关的常见问题释疑

一、质疑：有些成功的企业没有用 IPD

事实：应用 IPD 是企业的明智选择。

IPD 思想、流程和方法是成功企业优秀实践的经验总结和提炼。与其说企业是在学习 IPD，不如说企业是在学习成功企业的优秀实践。

我曾经分析过当今很多成功企业的业务运作流程和方法，发现所有成功的企业都是相似的：产品开发都是各领域集成协作，都是源于市场需求；对产品开发的投资管理都是分阶段控制的；产品设计都提前考虑了卓越设计等。IPD 思想、流程和方法已经被大多数优秀成功企业所运用，即使某些企业使用的流程与常见的 IPD 术语不一样，但其实质也符合 IPD 思想。

二、质疑：IPD 流程不够灵活

事实：IPD 流程非常灵活。

IPD 流程是一种改进运作效果的平衡方法。事实上，IPD 流程是非常灵活的，适合所有的软件、硬件开发项目。

执行 IPD 流程并不是要求所有项目都逐一执行所有程序，而是可以根据项目的实际情况对程序进行一定的调整。

当业务管理者真正地实践 IPD，对 IPD 的理解更深入，有较多的业务经验，在业务运作上有较多数据后，就可以进行流程优化，以使流程充分反映业务的实际需要。

IPD 思想并不排斥灵活，而是反对没有流程基础、没有质量保障的灵活。

三、质疑：走 IPD 流程花费的时间太长了

事实：走 IPD 流程将加快新产品上市。

企业的基本追求是快速推出满足市场需求的新产品和好产品，而新产品和好产品不是那么容易产出的。传统的不受约束的个人开发者可能很快做出产品原型，也很快开发出新功能，但要成为进入市场的新产品则几乎不可能，即使其产品可批量供应，成本也没问题，但往往一上量就会出现灾难性问题。

经统计，凡是进行 IPD 变革的企业，其产品上市时间均缩短了40% ～ 60%，即应用 IPD 实际上加快了新产品上市。而某些企业为了抢占市场，不按流程做出新产品，因为市场需求不稳定，新产品反而变成库存呆死料，造成巨额损失，甚至引发企业生存危机。

要享受到应用 IPD 的益处，需要企业停用老流程，重新设计流程，且在向未来前进的过程中不要留恋过去。

四、质疑：应用 IPD 要在速度与质量之间做取舍

事实：IPD 思想强调速度与质量相结合。

如果企业片面追求抓住市场机会，通常表现为速度较快，但是产品质量不高，纯粹是为了完成销售。这种方法是先跨进客户的门槛，向客户表示企业可以提供他们所需的产品，然后承诺以大量的资源来排除产品的缺陷。这不是以市场为驱动的公司行为，而是以销售和研发为业务模型的公司行为，这样的公司在全球市场与对手竞争时是无法获得成功的。

应用 IPD 的目的是保证速度的同时也保证产品的质量。应用 IPD 不仅使企业加快开发速度，缩短研发周期，还提供了规范、标准的工作流程，保证生产出高质量的产品。

五、质疑：应用 IPD 影响决策速度

事实：应用 IPD 使重量级团队（IPMT[①] 与 PDT[②]）加快了决策速度。

要想加快决策速度，很重要的一点是要了解由谁负责决策，谁对决

[①] IPMT：integrated portfolio management team 的缩写，意为集成组合管理团队。该团队决定公司的产品投资。

[②] PDT：product development team 的缩写，意为产品开发团队。该团队是一个跨功能部门的团队，关注的重点是执行工作，把产品包推向市场，负责交付件的上市。PDT 核心组是由产品线 IPMT 授权组建的，产品线 IPMT 会发给 PDT 一份项目任务书，要求他们交付某个产品包。PDT 核心组代表不同的功能领域，通过这些功能领域的共同参与，将产品包推向市场。执行 IPD 流程最基本的是由 PDT 核心组成员作为本功能部门主要代表参与工作，这样功能部门资源就成为 PDT 核心组的扩展组，并与本功能部门的 PDT 核心组代表共同协作。被功能部门经理派到产品开发项目的扩展组成员，根据计划阶段合同里确定的要求执行任务，提供承诺的交付件。

策结果负责。应用 IPD 的企业通过授权给 PDT、功能部门和 IPMT 在自己的责任范围内制定和管理决策，从而加快了决策速度。

六、质疑：应用 IPD 的重量级团队削弱了功能部门的影响力

事实：功能部门在 IPD 流程中占重要地位。

功能部门在 IPD 流程中扮演着非常重要的角色，如果没有优秀、强大的功能部门，IPD 就无法发挥作用。功能部门在管理本部门员工技能的培养、制定功能部门策略、向 PDT 和 IPMT 履行承诺、将本功能部门与其他部门联合起来、加强本功能部门对承诺的执行等方面发挥着重大作用。

但在 IPD 流程中，功能部门以团队形式进行运作很重要。就像乐队演奏，每个人都有自己负责的乐器，如果鼓手演奏的声音比其他人大，或想控制音乐节奏，结果是虽然鼓手自我感觉很厉害，但是整首乐曲已经不和谐了，不动听了。

第二节　从企业战略角度看 IPD

企业战略也指企业为实现其使命和价值，聚焦于主要客户需求，基

于对行业和产品变化趋势以及市场竞争的分析，综合考虑外部环境和企业自身现状、能力、潜力，确定公司的中长期商业计划（商业业务、目标和关键措施）和产品计划（产品分类、目标和关键措施）。对于应用IPD 的企业来说，商业实现和产品开发都需要通过流程体系的运作来实现，具体见前文中的 SPS 模型。

企业战略短则三至五年，长则十年以上。稳定的企业战略可以形成凝聚力，可以聚集商业和产品力量，形成强大的战略定力。对客户来说，持久、稳定、清晰的企业战略代表着持久可期的承诺。

第三节　从商业实现角度看 IPD

IPD 的本质是从机会到商业变现，整个 IPD 流程都是为了商业实现。不管是成熟的产品，还是新产品、新平台、新技术、外部合作等领域，均要对应整个商业实现过程。

基于 IPD 的商业实现过程包括商业机会—商业计划—商业开发—商业兑现。这个过程适用于所有行业，适用于所有创新型市场化企业，包括贸易型企业、外包解决方案型企业、投资型企业等。

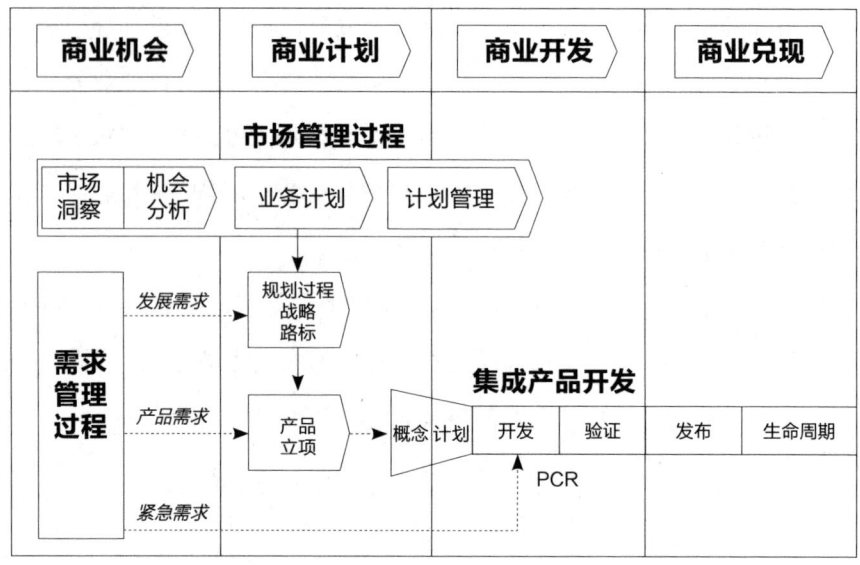

图 3-1　从商业实现角度透视 IPD 流程

如图 3-1 所示，商业机会包括市场管理过程中的市场洞察和机会分析，以及需求管理过程。这三项主要由市场部主导，完成产品线和产品对应的市场分析。产品级别客户需求主要通过需求管理过程来实现。企业管理层参与重大战略机会的发现和分析。

商业计划实现过程主要是对机会分析的输出进行规划，包括各细分市场的服务和产品策略，制定产品路标，规划产品平台路标，提出技术平台规划需求。针对不同市场，对需求进行归类整合，通过产品立项驱动产品开发。对于产品交付外的针对企业级的商业模式、运营、服务等需求，也可以认为是一种产品（往往伴随着较大的投资、组织匹配要求），使用同样的流程，由管理层确认后从公司层面进行路标制定和计划制订，进行服务 /IT 等产品立项开发。

对于重大产品开发，在商业计划阶段要将概念阶段的主要活动提前进行分析，以完成产品的客户界面、运维操作界面、生产交付界面分析，完成对商业模式、成本和投资额的分析，在宏观上形成商业业务计划。在商业计划阶段要完成影响商业实现的业务、产品及运营要求，明确投资决策和投资路标，确认商业是可预期、可计划、可交付的。

商业开发是实现过程，分层分类执行。分层包括投资管理、业务运营管理、服务产品开发、产品和解决方案开发等内容，分类包括产品开发、产品平台开发、技术平台及技术开发、渠道和产业链管理、合作资源开发等。具体的各产品开发仍要按完整流程和阶段进行管控和开发，并实现分层跟踪和管理。

商业兑现主要是客户界面确认、交付和运营过程落实。交付件包括服务、解决方案和产品。客户包括外部直接客户、渠道客户、内部运营平台等。商业兑现交付要完成商业计划阶段形成的基线化[1]需求。

第四节　企业价值创造和实现业务流程

对于客户和市场，企业有三个与它们相关的价值创造和实现业务流程：一是 LTC 流程；二是基于客户和市场需求，开发新产品满足新需求，或开拓新市场获取新价值；三是 ITR 流程，主要用于解决售后问

---

[1]基线化：产品在其开发周期的不同时间点通过正式评审而进入正式受控的状态，这个过程被称为基线化，是下一步开发的出发点和参考点。

题。市场问题直接影响价值实现、企业品牌形象和产品销售，进而影响利润，因此 ITR 流程也属于关键价值创造流程。

　　也可以理解为按 IPD 流程做出新产品并上市盈利，按 LTC 流程完成商业交付增加运营利润，用 ITR 流程解决售后问题。IPD、LTC 和 ITR 流程是企业面向客户和市场的三大执行类流程。

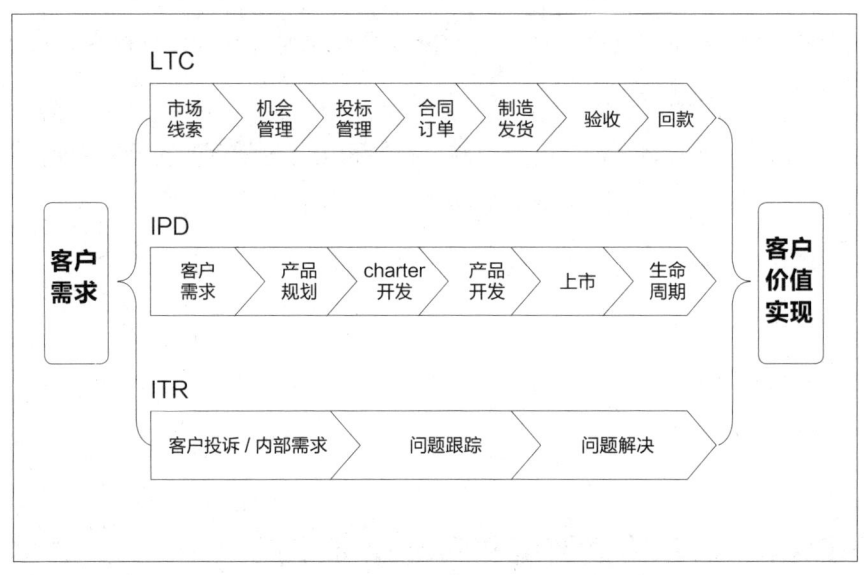

图 3-2　企业价值创造和实现业务流程

第五节　IPD 的基础框架

　　华为 1999 年启动 IPD 变革，到 2016 年，IPD 流程已发展到 8.0 版本。应用 IPD 使华为在产品开发周期、产品质量、成本、响应客户需求、产品综合竞争力上都得到了改善，工作方式从依赖个人英雄转变为依靠管理制度来推出具有竞争力的高质量产品，有力地支持了华为的快速发展。

一、IPD

微观 IPD：俗称"小 IPD"或"PDP"（product development process 的缩写，意为产品开发流程），指新产品集成开发流程。

中观 IPD：包括 PDP、市场管理和产品规划以及需求管理过程三个基本流程的产品创新管理体系。

宏观 IPD：俗称"大 IPD""企业 IPD"，指端到端的产品管理体系，是企业为进行 IPD 流程变革而实施的包括中观 IPD、战略规划、产品生命周期管理（product life-cycle management，缩写为 PLM）、技术和平台规划（technology & platform planning，缩写为 TPP）、技术和平台开发（technology & platform development，缩写为 TPD）以及支撑体系（如绩效管理体系）建设。

IPD 体系：基于 IPD 流程的整个体系。

IPD 现已成为一套产品开发的模式、理念与方法。IPD 思想来源于产品及周期优化法（PACE）。PACE 是美国研发咨询机构 PRTM[1] 提出的研发管理模式，它提供了一个完整的通用框架、要素和标准术语；在此基础上，摩托罗拉、杜邦、波音等公司在实践中继续加以改进和完

---

[1] PRTM: Pittiglio Rabin Todd & Mcgrath 的缩写，中文为皮提格里奥·拉宾·托德与麦克格拉斯。

善；由 IBM 在学习、实践中创建。IPD 思想强调以市场和客户需求作为产品开发的驱动力，在产品设计中就构建产品质量、成本、可制造性和可服务性等方面的优势；注重将产品开发作为投资进行管理，在产品开发的每个阶段都从商业角度而不是从技术角度进行评估，以确保产品投资得到回报或尽可能减少投资失败所造成的损失。

二、IPD 框架的基本组成

图 3-3 为 IPD 的基础框架，有两个主要过程：一是市场管理过程，二是集成产品开发过程。前者是通过对市场的分析研究，形成正确的产品规划，并负责商业开发、商业目标实现和跟踪管理，以满足客户需求。后者是在限定的时间内，开发完成高质量的满足需求的产品，并通过供应链交付市场，以协助客户实现价值。这两项分别从商业和产品层面，实现了从客户中来、到客户中去的商业本质。

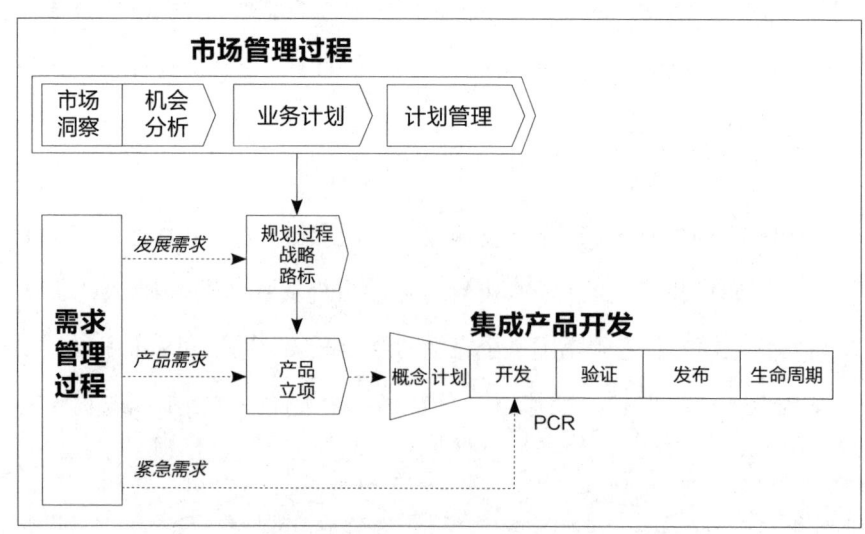

图 3-3　IPD 的基础框架

三、IPD 基础框架应用示例（组合开发管理）

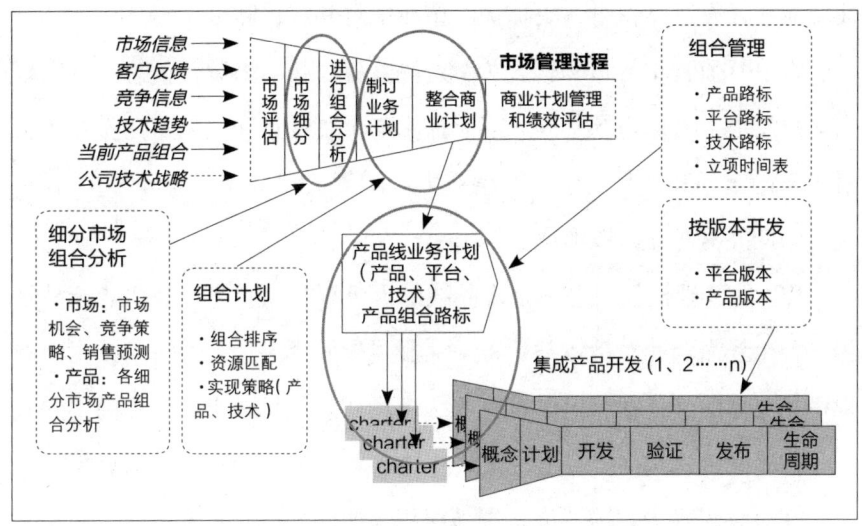

图 3-4 市场管理过程和产品按路标开发流程框架

实行 IPD 变革之前，企业中开发项目的负责人一般由技术人员担任；研发部全权负责开发，市场部负责销售，研发部人员做什么，市场部人员就得卖什么。实行 IPD 变革以后，企业的开发流程发生了很大变化：产品开发团队的负责人有市场经验；产品做成什么样不由研发人员决定，而是有很多人参与其中，这些人在企业实行 IPD 变革之前都是和开发完全无关的人。

为了保证在合适的时间将合适的产品包推向市场，IPD 流程要与市场管理流程紧密配合。市场管理人员关注市场细分、需求分析和机会分析，能使产品线集成组合管理团队（PL-IPMT）[1]制订更好的业务计划，选择潜在的产品包进行投资，并任命 PDT 来完成这项工作。应用 IPD 使企业在开发产品包时，更加关注市场信息和客户需求。

在 IPD 流程中，市场代表负责产品规格、技术参数等信息。他们根据客户反馈，考虑市场空间、客户需求的重要性排序，以及哪些需求会对未来的市场和产品竞争力产生重大影响等。在市场部人员的参与下，真正的产品概念才得以形成。

IPD 的基础框架使每一条产品线的人员都必须对本产品线的产品是否符合市场需求和经济效益负责，克服了研发部人员片面追求技术而忽视市场反馈的纯技术倾向，也克服了市场部人员只顾当前销售而不关心产品战略的短视倾向。

在 IPD 流程中，需要诸多虚拟组织与职能部门互相配合。

四、技术体系在 IPD 流程中的作用

在 IPD 流程中，技术体系是应对产品战略和产品实现的需要而存在的，技术不脱离产品和商业实现而独立存在，即不能成功商业实现的技术是没有价值的。为优先满足客户需要和市场需求，企业必须进行大量的技术研究和开发工作。因此，技术研究和预研工作如何管理，如何与产品体系配合，如何高效地支撑和实现企业战略成为一个难点。

图 3-5 为基于产品线业务模式要求的产品战略和平台规划的金字

---

[1]产品线集成组合管理团队（PL-IPMT）：是一个跨功能部门的团队，该团队关注本产品线产品组合的合理化和管理，批准和执行所选细分市场的策略。团队成员通常是公司副总裁级别的。

塔框架：

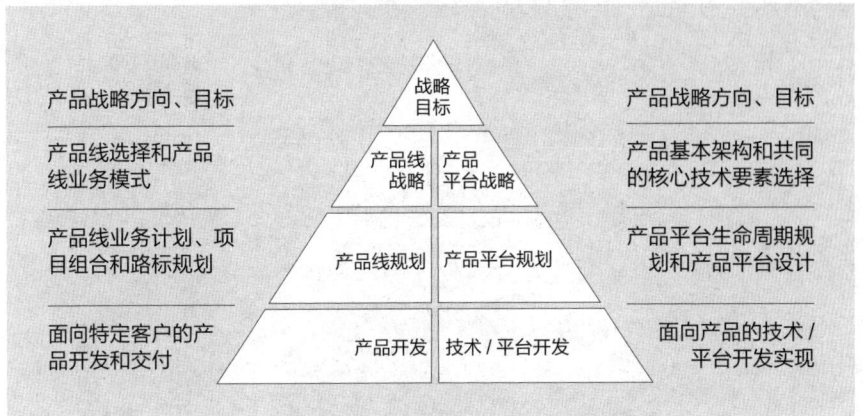

图 3-5 基于产品线业务模式要求的产品战略和平台规划金字塔框架

如图 3-5 所示，技术通过产品平台、技术平台、CBB[①] 来支撑产品实现。产品平台战略来自产品线战略的需要。为实现战略目标，选择产品线组合和产品线业务模式，抽取共性部分，形成产品平台概念。根据业务模式生命周期、产业链技术可获得性、公司技术实力及在产业链的地位、可投入资源等，形成产品平台战略，包括借用、OEM、合作或自研等模式选择，也包括跨产品线的平台共用策略和配合等。对于单产品线来说，根据业务规划和产品生命周期等分析，形成产品平台规划，确定开发提供方式、产品和技术层级匹配关系，进行具体平台规划和开发管理。底层是具体实现层，按规划和路标进行开发实现。

图 3-6 是基于 IPD 流程的技术管理流程架构：

---

① CBB：共用构建模块的英语缩写，也称通用构建模块，指那些可以在不同产品、系统之间共用的零部件、模块、技术及其他相关的设计成果。

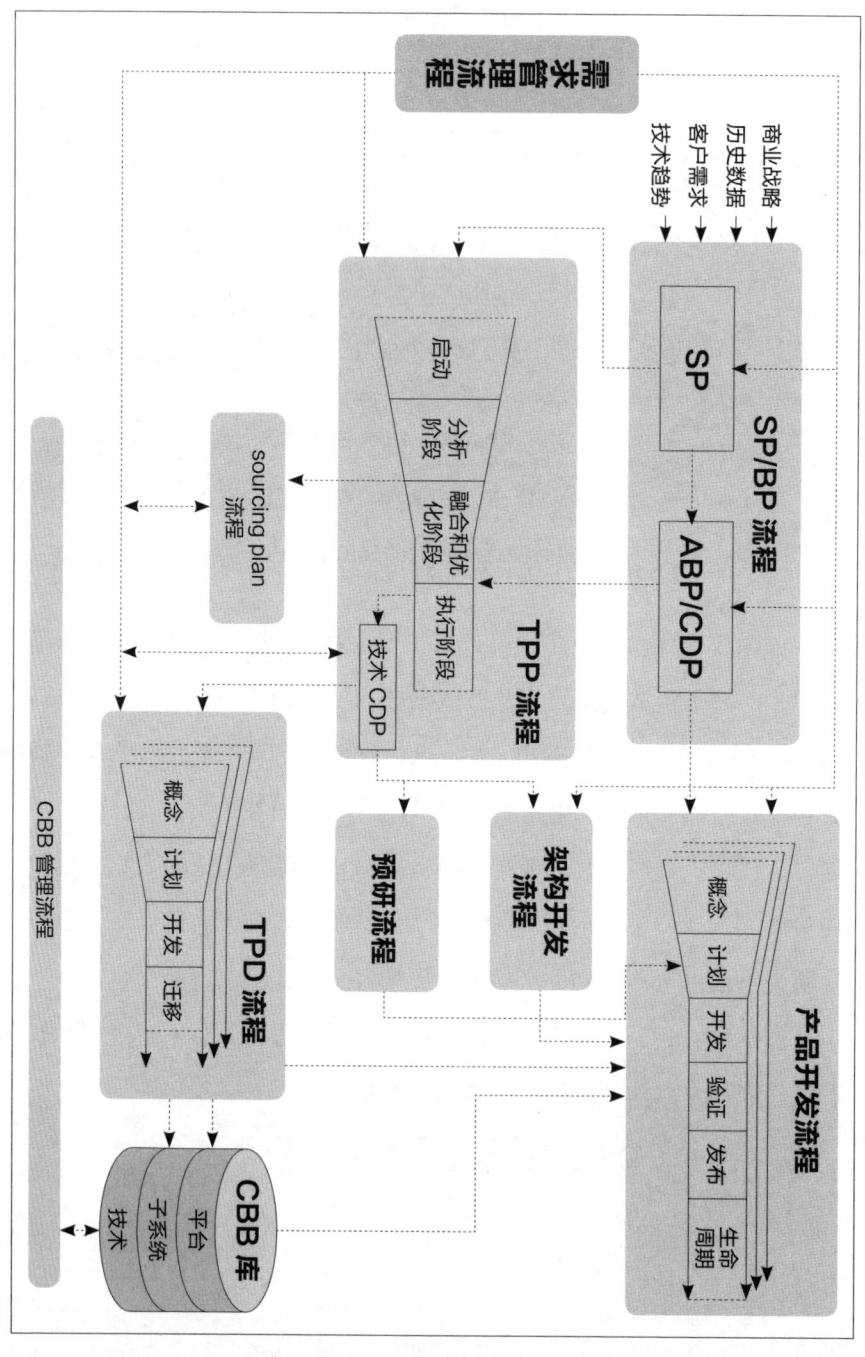

图 3-6　基于 IPD 流程的技术管理流程架构

ABP：annual business plan 的缩写，意为年度商业计划

CDP：charter development process 的缩写，意为项目任务书开发流程

sourcing plan：寻源采购计划

如图 3–6 所示，技术规划源自企业战略管理流程、市场管理和需求分析的输出。技术规划要对短、中、长期企业战略和产品战略做出清晰化表述，形成技术实现目标的路标化规划，驱动技术预研和架构 / 平台 / 技术项目开发，满足产品开发需要。

第六节　与 IPD 相关的基本概念和观点

一、产品、产品包、产品包需求

菲利普·科特勒在《营销学原理》中提到产品三层次概念，指出消费者购买的是产品的效用和内涵，而不仅是购买时见到的样品或实物：

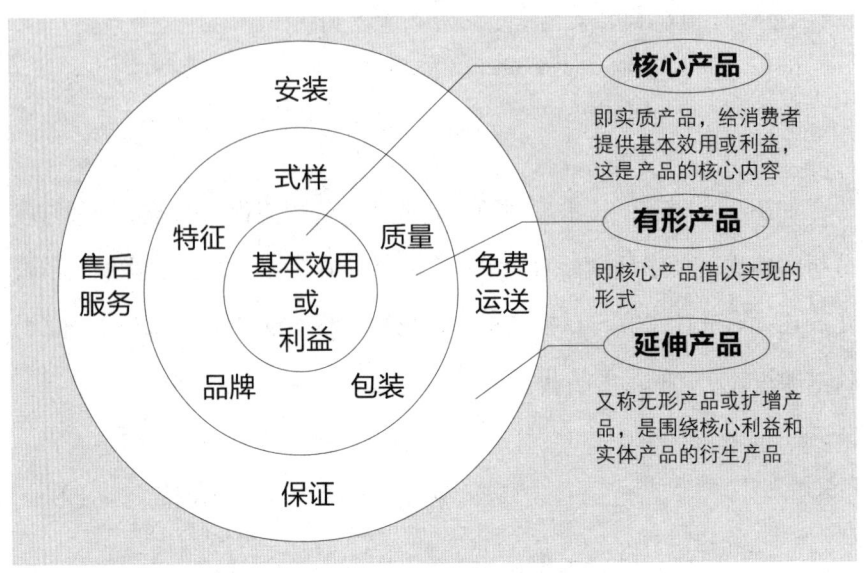

图 3-7 产品的三个层次

产品第一层是核心顾客价值，指购买者真正购买的东西。

产品第二层包括产品和服务的特征、设计、质量水平、品牌名称和包装。

产品第三层是附加服务和利益——围绕核心价值和实体产品的衍生产品。

传统的产品开发是指开发产品本身，输出的是产品成果，产品经理对产品的开发成果负责。应用 IPD 的产品开发是指除了产品本身的开发外，还包括产品市场和销售策略、产品服务策略、产品培训策略等方面的产品包的开发。产品经理不仅对产品本身的开发负责，更重要的是对该产品最终的市场成功和经济收益负责。

对产品开发团队来说，研发交付物不仅包括核心产品，还包括整个产品开发过程和产品生命周期的"下游"各环节所需要的方方面面。因此，"产品包"概念被列入 IPD 体系。产品包是产品开发团队对客户或

"下游"环节交付事物的统称。

产品包需求是对最终交付给客户（内部客户、外部客户）的产品包的完整、准确的正式描述，是对产品包进行开发、验证、销售、交付的依据。产品包需求源于对客户原始需求的分析、判断、加工，一旦纳入产品开发体系，就需要收集并转化为正式的产品包需求，进行管理和跟踪。产品包需求包括两个部分：CDT 团队[①]输出的 charter，包括经过澄清、分析、归整后的需求列表；输出 charter 之后，经过需求分析团队澄清、分析、归整，并通过讨论和 PDT 形成一致意见，由 PDT 实施的其他内部需求。

二、IPD 的团队结构

根据业务和产品复杂程度，单一产品事业部的主体团队结构见图 3-8：IPMT 负责事业部的整个组合产品管理，为产品开发和技术开发投资；PMT[②]负责基于市场的产品组织规划管理；TMT[③]负责按产品线的路标规划进行技术开发管理；PDT 负责产品开发。产品上市后，由 PDT 移交给 LMT[④]进行产品生命周期管理。

---

① CDT 团队：是一个跨功能部门的开发团队。该团队负责初始产品、解决方案包和项目任务书的开发，也对摸准市场节奏、满足客户需求、盈利和保持市场竞争力负责。
② PMT：组合管理团队的英语缩写。该团队是一个跨功能部门的团队，关注业务投资优先级的确定，帮助集成组合管理团队或投资评审委员会对公司的整体产品组合进行管理。
③ TMT：技术管理团队的英语缩写。
④ LMT：生命周期管理团队的英语缩写。该团队是一个跨功能部门的团队，关注现有产品包的优化业务结果，负责管理各产品族在一般可获得性（GA）阶段后的组合，解决技术支援、供货和生产等问题。

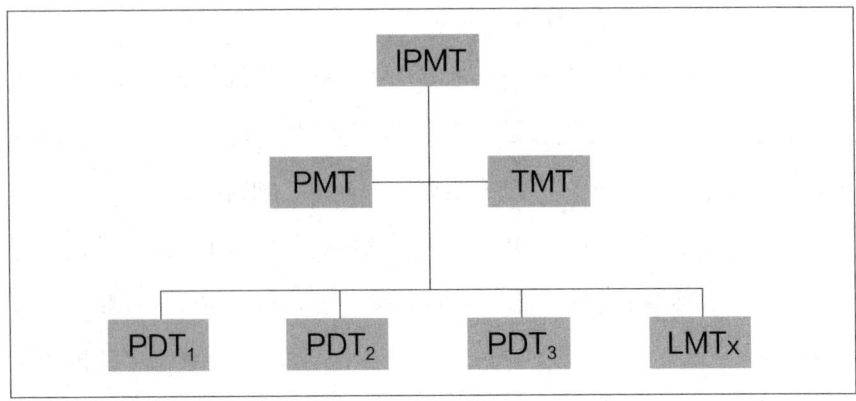

图 3-8　单一产品事业部的主体团队结构

如果公司有多条产品线，则在上图的 IPMT、PMT、TMT 加"PL-"前缀，即 PL-IPMT、PL-PMT、PL-TMT，标为产品线级的管理组织。

在 IPMT、PMT、TMT 加"C-"前缀，即 C-IPMT、C-PMT、C-TMT，表明是公司级的管理组织，具体见图 3-9：

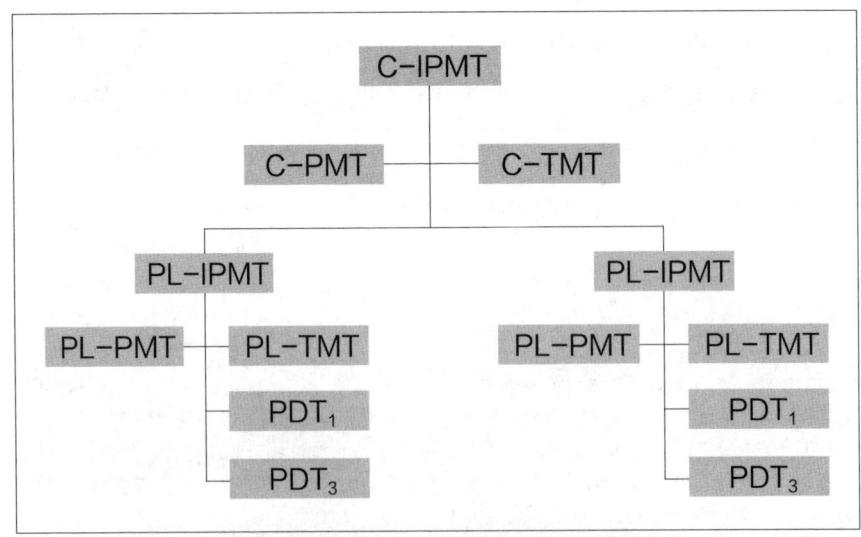

图 3-9　多产品事业部的主体团队结构

在多产品线中，C-TMT 对 PL-TMT 进行指导和管理，协调跨产品线间的问题，指导跨产品线的技术平台和产品平台开发，具体业务管理则由产品线各组织进行。

投资评审委员会①、产品线集成组合管理团队、PDT、功能部门团队，以及其他跨功能部门的团队（如 ITMT②、TDT③、PMT 和 LMT）共同组成了 IPD 的团队，保证集成产品开发与技术 / 平台开发流程的有效运作。

三、IPD 集成了业界优秀实践的诸多要素

IPD 集成了业界优秀实践的诸多要素，主要包括：系统全面的客户需求分析④、优化投资组合、跨部门团队⑤、结构化流程⑥、基于衡量标准的评估和改进、基于平台的并行和重用模式、职业化的人才梯队、项目和管道管理⑦。

---

①投资评审委员会：是一个跨功能部门的团队。该委员会负责公司所有的投资决策和重大投资，确定长期战略方向，并对跨 PL-IPMT 的投资进行管理，支持所确定的战略。该委员会成员通常都是公司高层领导。

②ITMT：集成技术管理团队的英语缩写。该团队是一个跨功能部门的团队，关注对 CBB 的管理和需要长时间开发的技术，制定策略以获得新兴技术，负责管理跨产品线的技术开发与结合。

③TDT：技术开发团队的英语缩写。

④客户需求分析：对客户需求进行筛选、分类、整理、汇总与合并，对描述不清楚甚至有问题的需求进行进一步的确认，最后输出需求描述。

⑤跨部门团队：人员来自不同职能部门，是为了完成共同的目标组成的团队。

⑥结构化流程：为了管理好产品开发，必须有结构合理、定义清楚的流程。结构合理是指在自上而下的层次架构中，上层结构简单一些，越到下层越具体。定义清楚是指每项工作都有清楚的规定，所有与产品开发有关的人都清楚自己所参与的工作及其工作方法。

⑦管道管理：主要包括在开发管道中项目的动态分布（不同项目应处于不同阶段）和不同项目所需资源的动态平衡两个方面，目的是使项目经过"喇叭口"的过滤后，快速、平稳地走完整个产品开发过程，缩短产品上市时间。

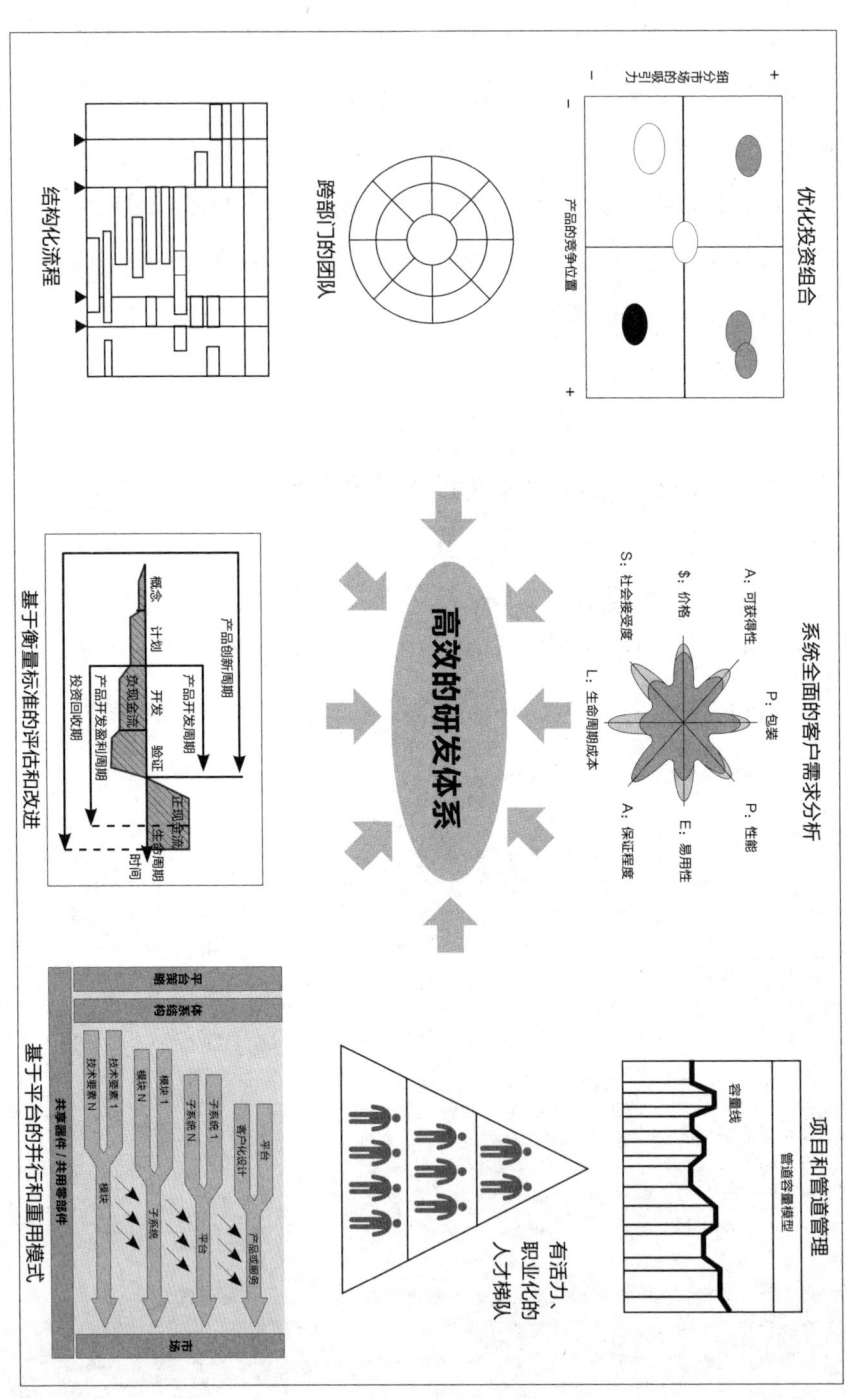

图 3-10　IPD 集成了业界优秀实践的诸多要素

四、IPD 的核心思想

IPD 的核心思想来自业界成功企业优秀实践的经验总结和提炼，这些核心思想又成为企业长期发展的指导思想。

（一）将产品开发作为一项投资进行管理：要对产品开发进行有效的投资组合分析[①]，并在开发过程设置检查点，通过阶段性评审来决定项目是继续、暂停、终止还是改变方向。

（二）基于市场的产品创新：产品创新是基于市场需求和竞争分析的创新，因此要重视需求分析和定义，将正确的产品概念、市场需求作为产品开发的依据。

（三）基于平台的异步开发模式和重用策略：建立技术到平台的异步开发模式，建立可重用的技术到产品开发体系。

（四）技术开发与产品开发分离：不在产品开发中解决技术问题，技术问题单独立项解决。

（五）跨部门合作：通过有效的沟通协调，达到尽快将产品推向市场的目的。

（六）结构化的并行开发流程：通过严密的计划、准确的接口设计，使原来的许多后续活动提前进行，这样可以缩短产品上市时间。

（七）产品线与能力线并重：产品线人员负责从商业机会到商业兑现的过程，能力线人员负责解决技术问题，形成技术积累和技术领先战略。

（八）职业化人才梯队建设：IPD 流程中定义了每个角色的职责和工作任务，不但让专业的人做专业的事，而且从管理线、业务线等方面

[①]投资组合分析：对企业外部环境和内部条件进行调查、研究，分析企业面临的发展机会和挑战，明确企业当前和未来的经营方向，提出希望达到的目标，研究制定可行的经营方案。可行方案应该有多个，以便进行比较和全面评价，并从中选择一个满意的方案。

形成了发展路径，有利于人才梯队建设。另外，企业只有重视各领域人才梯队建设，才能更好地发挥 IPD 体系对业务的支撑作用。

企业只要依据自身条件，按 IPD 的知识或思想进行流程变革，就可以说企业进行了 IPD 变革；不要局限于"一步到位""贪大求全"或"照搬照用"，IPD 变革对企业来说是个长期实践和演进的过程。

五、企业实行 IPD 变革的七个注意事项

反对完美主义；

反对烦琐；

反对盲目创新；

反对没有整体效益提升的局部优化；

反对没有全局观的人主导变革；

反对没有业务实践经验的员工参与变革；

反对应用没有进行充分论证的流程。

第七节　延伸阅读：IPD 变革该如何动员

下文节选自 1999 年 4 月任正非在华为公司 IPD 动员大会上的讲话

（略有改动）：

我们有幸找到很好的老师，就是 IBM。华为公司的最低纲领应该是要活下去，最高纲领是超过 IBM。

一、不好好学习 IPD 的人要除名

现在有多少人有能超越 IBM 的新想法的请举手！不要怕嘛，我们可以向你学习。当你实践以后，也能有 900 亿美元以上的产值，我们就应该向你学习，不向 IBM 学习。而眼下你没有这个能力，也没有做到这个产值。

（一）没有充分理解而想改变 IPD 的人，请他出去。

我们让大家去穿一双美国鞋，让美国顾问告诉我们美国鞋是这个样子，到中国后，鞋是不是能变一点？现在只有顾问有这个权力，我们没有这个权力。下面的员工不要再提很多新的建议，表明自己很有才能，至少我们 PDT 小组考核时，不表扬那些提出"歪门邪道"的人。

IBM 这套管理方法，理解得深刻的人，我认为在考评上可以给予鼓励。如果他说我理解得很深了，能不能改？可以，10 年或 20 年后你来改，那个时候我们公司的产值可能已超过 2000 亿美元了，但现在你没有这个权利。我认为当前需要一种非常严谨的学习方法。创新一定要在理解的基础上创新，而不是没有充分理解就表达一些东西，那是在出风头，我想把这些出风头的人请出我们这个小组，这是第一点。

（二）那些长期不能理解 IPD 改革内涵的人，也请他出去。

我们这个小组不是终身制。我想能不能一个月清理一次，按名单一个月发一次任命，我一年签12次字，每次签都是免费的。我们的核心项目小组人员一定要流动，一定要走掉一些人，进来一些人，不要把机会全留给标新立异者、思想惰怠者。

很多基层干部跟我说华为公司不公平。为什么不公平？他们说你们这些高级干部每年花了50万美元培训，我们要是有这50万美元的课程上，肯定比副总裁厉害！我认为他说的话是真的。在座的很多人不断地参加国外公司的培训，但有些人并没有进步，没有进步者要赶出去。

一个月一次任命，每次一定要"除掉"一两个；剩下的全是好的了，也"除掉"一两个。你们帮我比较那个表（找出人员名单列表差异），有两个被"杀掉"了，我们就成功了……大家说两个月一次好还是一个月一次好？同意一个月一次的请举手！看来大家都是惰怠者，两个月一次损失太大了。我还觉得应该这样：向人家学习，就要认真地向人家学习；要全面理解人家的深刻内涵，不要抓住一点不放。

世界上还有非常多很好的管理方法，有很多人可能推荐很多好的管理方法。什么管理方法都学习，那最后就是一个白痴，因为这个往这边管，那个往那边管，那么综合起来就抵消为零。我们公司只向一个顾问学习，只学一种模型。10年或20年以后，华为公司产值提高到2000亿美元时，我们才可能出来一个新东西。但是我认为现在华为公司连学一家都没学明白，何来新东西？

一个月除一次名，我认为一定要一个月除一次，不断有人出去，又不断有人进来。有些人曾经是功臣，但努力不够，可以有一些功臣岗位，比如说喝酒，让他陪客户喝酒。你可以不需要IPD，可以不懂IPD，以前是副总裁，可以挂个名誉副总裁——喝酒副总裁。你们只有深刻理解其中的道理，才能保持自己的权力与地位，否则我就不能给你这个权力和地位。华为公司要以核心竞争力的提升来评价、使用和考核干部。

（三）待遇上有意见的也请他出去，没有献身精神的人不可能成功。

黄老师关心待遇问题，我不关心。你来参加培训已占了大便宜了，还要给你考核以升得快点，我看没这个必要。不信？基层员工说我们换一下，我们不要求涨工资，来参加培训。参加培训两年后，他们就升得很快，这划得来，他们宁可这两年多投资一点。大家如果在这件事情上还有什么问题的话，除名。没有献身精神的人是不可能成功的，我在这个问题上还是这个态度。

二、从主观上、客观上来说，公司都需要一场变革

（一）从主观上来说，我们要提高产品技术和质量水平，缩短开发周期，成为一家很优秀的公司。

第一点我们还是希望在技术上有所发展，成为一家很优秀的公司。我们公司的产品属于长线领域而不是短线领域。如果是短线领域的产品呢？无所谓，搞几个人做做，什么 IPD 也没有必要，就咱们几个说了算；什么文档也不需要，就全记到我们的脑子里。短线领域的产品我们是可以做到的，但是长线领域的产品不行。

要缩短研发周期，加强资源配置密度。加强资源配置密度就是有非常多的人同时作业，比如说几千人、几万人同时编辑一个软件。这个作业就跟打仗一样，炮弹什么时候打，飞机什么时候出动，这个时候的整体行动是很复杂的。可不要把炮弹都打到自己脑袋上，仗可不是这么打的。

如果在这个大规模、综合性的战争中没有良好的管理方法，那我们

不仅没有效率而且浪费资源。有人说浪费就浪费一点嘛，但浪费是以死亡为代价的。在战争中，如果说这个总参谋部没有非常严谨的作战方案和部署的话，那么我肯定这场战役是失败的。这个失败在过去可能意味着一个王朝的灭亡。

对于华为公司来说，如果我们也老是失败，有很多资源可供失败是没有问题的，但现在我们没有很多资源；也可能失败一次可以爬起来，失败两次还可以爬起来，但是连续失败几百次，华为公司肯定会寿终正寝。

因此，从主观上来说，我们要缩短开发周期，加强资源配置的密度，提高产品的先进水平和质量水平。如果没有各个国家的自我保护，全世界就需要一种产品，一个类型，那么一个软件包就足够了。正因为现在不同的国家有不同的要求，才有这么多种产品。但随着全球化的发展，一个最厉害的软件包的优势就会突显。我们的软件只要比别人的差半英寸（约 1.27 厘米）的距离，那别人就不买了，就不要了，我们就"死"掉了。

对于这场变革，我们是不应动摇的，我认为各级部门都要紧密地配合起来。

（二）从客观上来说，我们面临着"生死存亡"，没有时间让我们去摸索了。

中国要加入 WTO（世界贸易组织），美国对中国没别的要求，只要求中国开放农业和信息产业……因此，我们很快就要与美国"对阵"了。

当然，现在的"对阵"还是有保护的，将来的"对阵"完全没有保护，我们能不能打赢？打不赢，我们公司的命运就是"死亡"或破产。从客观上来讲，也没有时间让我们去摸索了。

因此，我们认为主观、客观情况都在逼着我们努力改进方法。

三、我们请了好老师，要珍惜这个学习机会

我们华为和 IBM 将来在产品领域上有互补性，我们的竞争性并不是很强。我们逐渐走得更加紧密一点，在利益等各种方面的驱动下，我们有条件、有可能向 IBM 学习好的方法。看看我们这几次培训，你们是不是觉得进步很大？ IBM 的人现在告诉我们他们是什么样的，我们才知道自己以前所做的都不对。

土豆外面包着的那层皮是很毛糙的，但是里面的东西是很好吃的，所以外面炒作的新闻不代表一家企业的本质。我们好不容易请到好老师，而这个老师在去年一年帮我们改进管理时表现出非常优秀的素质，而且非常真诚，教的方法对我们来说也是非常实用的。在这种情况下，你们不学习更待何时呢？

这也是你们人生中的一次大转折，我嫉妒你们呀。很多基层员工给我提意见，说怎么培训来培训去就是那帮糊涂蛋。我非常赞成他们的观点，我们公司的基层人员中有许多优秀的人，由于地位不高，没有培训机会。所以我认为要在报纸上广泛地登，愿意参加 IPD 小组的人请踊跃报名，真有好思想、好学习的人，要进来，参与竞争。我们这个核心小组的人不行，就要把他"挤"出去。"挤"出去之前有一个条件，就是报名参加的人前面一段时间没有参加培训，让他们把前面那一段时间的培训内容搞明白，搞明白了，我们一考觉得还可以，就把那个懒惰的人赶出去。

这次 IPD 改革一定要有成效，因为留给我们的时间不多了。如果

朱镕基总理访美早一点，我们可能27个月这么长的时间都不答应，或者还要短一点。现在27个月的时间对我来说感觉长了，我还不知道我能不能活27个月，如果26个月就死了，那我不是很遗憾吗？假如当初生病死，一生正伟谁人知呀？可能华为公司就是超前一个月把这些管理体系调整好了，有了战斗力，可能我们公司就不会"死"了，就成为好公司了；就差一点点没有达到，我们公司就垮掉了，我们就"死"了。

怎么证明到底是IBM的培训不好，还是我们学习得不好呢？我看IBM的培训肯定是好的，学习不好是我们的原因，因为人家自己还"活"得好好的呀，人家没垮呀。人家跟我们一起，如果26个月后我们两家公司都垮掉了，就证明他们的方法不好；如果26个月以后，他们公司还"活"得很好，那就是华为不好，学得不好。

学得不好怎么办？那就"杀头"，我的观点就是"杀掉"。有什么好害怕的？年纪轻轻的，滚回去做个工程师、做个工人有什么大不了的，有什么好迁就的。地位有什么了不起的，不就是一纸任命嘛，我不任命你，我不签字不就完了吗？所以我还是建议一个月任命一次，一定要有除名，至少要排A、B、C等级，一定要敢于"制造战火"。你们现在老把下面的员工排成C级，把自己排得很好，把人家排得很不好，你们自己一定要排A、B、C等级，至少要给我抓出5%的人是C级，我就监控这5%的人。你们要给我记住，是C级的给我写到黑板上，涨工资的时候要卡住这些人，不能涨。

主管要勇于斗争，不要把责任都揽在自己身上，否则就是没有斗争的、是妥协的。

我们IPD小组不敢真真实实地接触问题，那我们怎么治理好别人呢？你就不可能治理好别人，你自己都松松垮垮的。以后我们去推广的时候就好了？我不相信。骨干不好，下面的人就好？没有这种道理。我们有幸请到好老师，向好老师学习，一定要端正我们的学习态度。

我希望不辜负顾问这 27 个月的心血。当我们有一天真正"站"起来，我们回顾历史的时候，或许在龙岗那里立个大碑刻上这一段历史，让我们的后人永远铭记我们是怎样学习过来的。

大家要重视。我认为洪天峰你给我的就是 C 级人员名单，而我要把这 C 级人员名单收集起来登到《管理优化报》上，让大家监督；还要把 A 级的人登到报上，让大家看看你是不是有包庇之嫌，你有包庇我就治你。冤有头债有主，我就打出头鸟，我不会"打"下面的员工，不会除下面的员工，我都是处理一把手，你怎么收拾你的员工那是你的事情。

如果没有这种精神，我们就是走过场，最后是白白浪费了时间，浪费了老师的精力。我们的老师这么诚心诚意地给大家讲，我每次看了都非常感动；如果学生不能让我很感动的话，我认为就要"杀掉"。在这三年的管理转变中，有一些人从高级干部变为"庶民"，这是很正常的；有很不起眼的人升职，这也是很正常的。如果全都进步了，反而是不正常的。

HUAWEI

第四章

基于 IPD 的商业
实现过程

CHAPTER 4

IPD 的本质是从机会到商业变现。

——任正非

在传统的以产品为唯一中心的企业里，商业实现其实是产品实现的结果和表现。但随着企业外部影响商业结果的因素增多，随着产业链中更多的企业间协同机会和协同要求的出现，商业实现像产品实现一样具有实体性，也需要发现机会，需要制订计划，进行商业开发，最终完成商业兑现。

本章从商业实现角度透视 IPD 流程体系，阐述通过 IPD 流程体系来完成从商业机会到商业兑现的整个过程。

企业（尤其是经营多种产品的生产型企业）能否采取正确的投资策略，取得好的产品投资效果，提高资金运营效率，是个较大的战略问题，也是企业投资组合管理的任务。要正确地决定资金投入策略，还必须研究产品结构，研究企业各种产品的投入与产出，创新与市场占有率、市场成长率的关系，它们是企业产品投资组合计划必须解决的事项。

企业组成什么样的产品结构？总的要求是各具特色、经济合理。因此，需要综合考虑服务方向、竞争对手、市场需求、企业优势、资源条件、收益目标等因素。

从 IPD 流程体系来说，商业实现是通过市场管理、SP/BP、路标管理、产品开发等几个流程合作实现的，是通过产品／解决方案／服务等来实现商业目标的整体过程。

通过对产品开发进行有效的投资组合分析，正确分配各个新产品的投入资金额，预测新产品的投资利润率，明确投资利润率的各种静态、动态的决定因素和计算方法，企业从而对产品战略做出正确的判断和决定，进而确定对产品组合的投资，最终形成以市场为中心，在商业上能够带来最佳业务成果的整体业务计划。

商业实现的主要流程如图 4-1 所示：

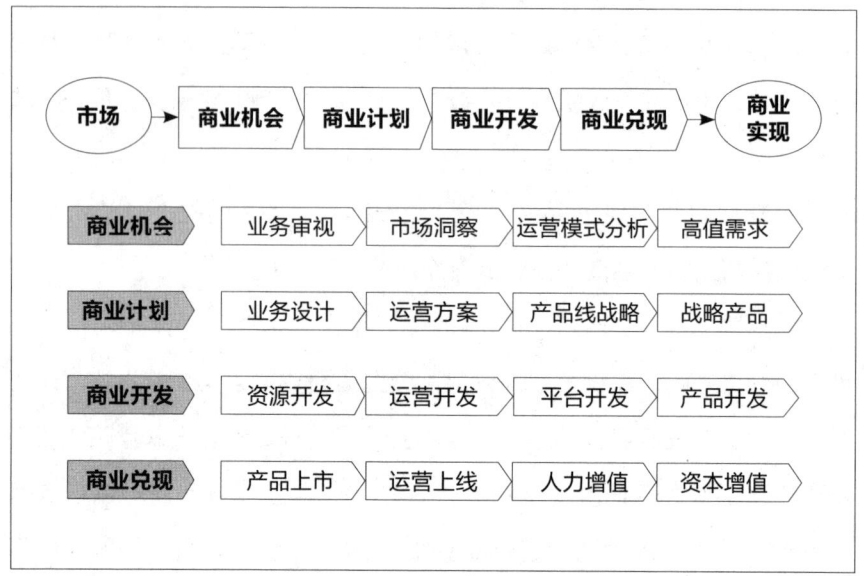

图 4-1 商业实现的主要流程

第一节 商业机会分析过程

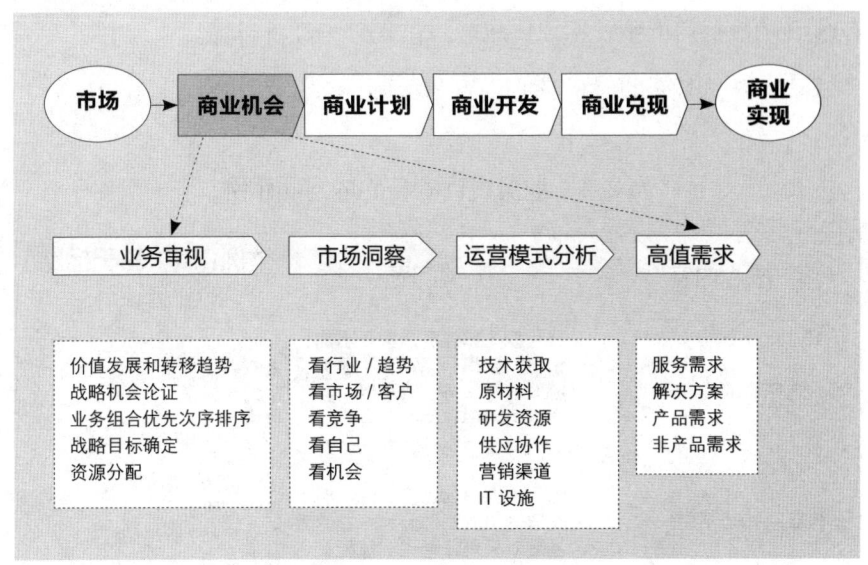

看行业 / 趋势
看市场 / 客户
看竞争
看自己
看机会

图 4-2 商业机会分析过程

业务审视：对于由企业管理层负责战略管理的部分业务，通过分析价值趋势，结合企业自身的产品组合现状、投资条件、战略规划和战略目标，进行业务设计。

业务计划的目的：分析市场趋势和价值转移趋势，企业基于自身组织体系进行业务设计，为客户创造更大价值，同时实现自身商业价值。

业务计划主要在战略规划的牵引下进行。战略规划要求有年度日历，按合适的节奏有计划、有步骤地实施，使企业能够制订清晰的远景规划和长期目标，并有效传达和执行；比竞争对手更早发现和抓住机会；有效分配资源，充分利用资源，创造最大的收益；帮助公司成长为一家稳健、持久、健康和以市场为驱动的公司。其核心的逻辑主线是：以价值转移趋势分析、客户需求偏好发展预测和客户系统经济分析为牵引，围绕客户选择和价值定位、价值获取 / 利润模式、业务范围、战略控制等多个方面进行业务设计，确定公司、子公司、产品线、地区部、GTS 和功能部门的中长期发展战略、里程碑、经济目标。

表 4–1 为业务设计的核心内容和示例：

表 4–1　业务设计的核心内容和示例

核心内容	关键问题	举例：微软基于标准的业务设计
客户选择和价值定位	我可以为哪些客户真正增加价值并获得利润？我不愿为哪些客户服务？我可以为客户提供哪些独特的、有明显优势的价值？	直接客户 应用开发商 终端用户
价值获取 / 利润模型	如何为客户创造价值，从而获取其中的一部分作为我的利润？采用哪种利润模型？	基于规模，增加回报 弹性定价 升级产品 / 新产品包 核心应用
业务范围	我方欲售出什么样的产品、服务和方案？哪些事情自己做？哪些事情需要通过合作完成？我的主要资产配置在哪里？	开发 颁发许可证 针对开发商的营销 针对用户的营销
战略控制	客户为什么购买我们的产品？我方与竞争对手为客户提供的价值有何不同？我方的战略控制点是什么？如何保护我方利润流？目前的业务设计是什么样的？业界最强的竞争对手的业务设计是什么样的？将来可能的业务设计是什么样的？	创建标准 满足各主要客户群最重要的客户需求 直接客户：客户化 应用开发商：支撑 终端用户：应用

市场洞察（也叫市场评估）的主要内容：看行业 / 趋势、看市场 / 客户、看竞争、看自己、看机会。

分析输出要求：确定战略控制点、确定产品策略和市场策略、确定产品商业目标。

市场评估的内容、要点如表 4-2 所示：

表 4-2　市场评估内容和要点

	评估内容	评估要点
市场评估	环境分析	政治 经济 社会 技术 环境 法律 金融 规章制度 宗教 全球性
	市场分析	市场总规模 增长和趋势 特征和趋势 特征和发展情况：产品、渠道、客户、沟通、行业 客户细分 / 需求 购买者的行为 中间渠道 价值网
	竞争分析	主要竞争对手 竞争对手的目标 竞争对手的市场行为 竞争对手的市场份额 竞争对手的增长情况 竞争对手的服务质量 竞争对手的定位 竞争对手的业务运作和资源 竞争对手的营销组合和战略
	对本公司的分析	我们的目标 我们的市场份额 我们的增长情况 我们的服务质量 我们的业务运作和资源 我们的营销组合和战略

第二节　商业计划过程

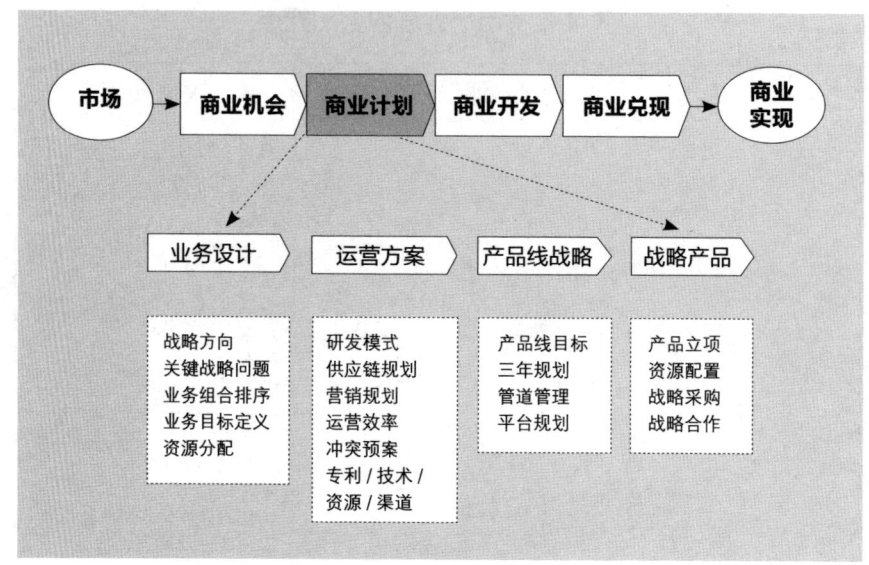

图 4-3　商业计划过程

研发模式：包括新建研究所、软件外包、研发外包、开源合作等。

供应链规划：包括 OEM、ODM 等。

营销规划：包括公司级的电商平台、线下渠道建设等。

运营效率：包括组织和流程建设、IT 建设等。

三年规划：包括客户拓展规划、渠道拓展规划、区域发展规划。

平台规划：包括产品平台、技术平台、CBB 管理。

战略产品：符合公司战略方向，需要战略投入，对未来影响大的产品。一般涉及战略采购或战略合作。

第三节 商业开发过程

商业开发指根据前述商业计划，在受控的状态下开展执行过程，主要包括资源、运营、平台和产品开发过程，如图 4-4 所示。

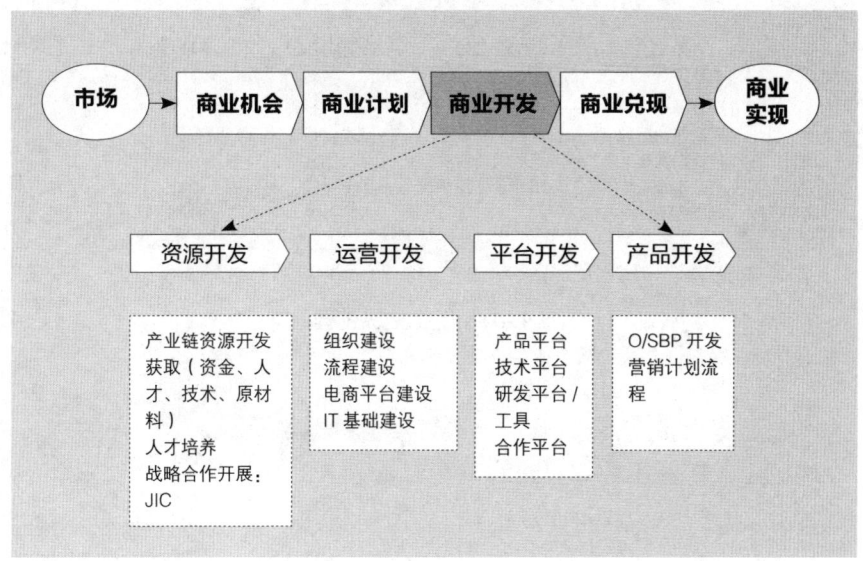

图 4-4 商业开发过程

JIC：联合创新中心

O/SBP：产品包 / 解决方案业务计划

第四节 商业兑现过程

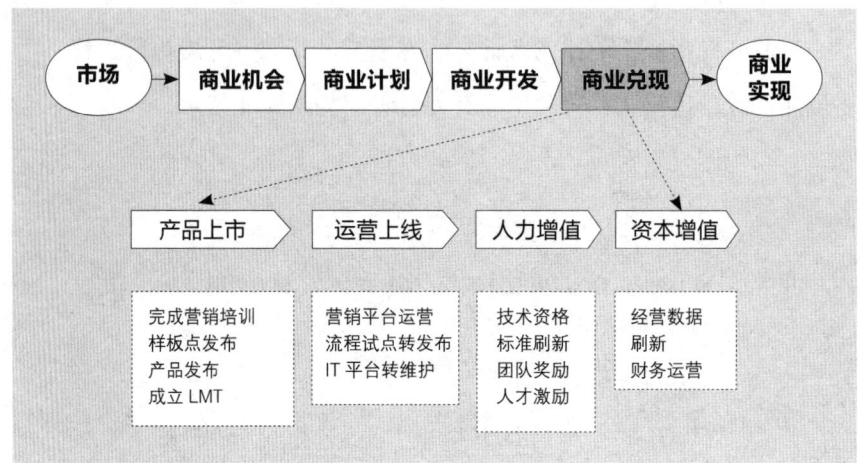

图 4-5 商业兑现过程

第五节 延伸阅读: IPD 的本质是从机会到商业变现

下文节选自《IPD 的本质是从机会到商业变现——任总在华为公司 IPD 建设蓝血十杰暨优秀 XDT[①] 颁奖大会的讲话》(略有改动):

———————————

① XDT: x development team 的缩写,意为各开发团队。

今天非常高兴与大家欢聚一堂，我很感动。历经八年，研发 IPD 团队从 2008 年的 3.2 分提高到今天的 3.6 分，这 0.4 分是划时代的进步。因为 3.5 分以下的 IPD 开发是相对封闭的，封闭在研发内部，没有与相关流程关联；这 0.4 分代表 IPD 与相关流程关联了，这样的突破为公司"万里长城"的发展奠定了坚实的基础。

回看华为公司 28 年的发展历史，可以归结成为"苦难与辉煌"。想想公司刚成立时，就几个有文化的"农民"，虽然也穿着西装，但是充满农民意识，不了解外面的世界。1992 年，我第一次去美国，就感到一种氛围的冲击。第二次去美国，我们想到改革公司。我很幼稚，曾买到一本书，以为我们跟着这本书就能变革成功。IBM 的人说"可不是这么简单"，他们派来了庞大的改革顾问小组进入我们公司，手把手教，历时 20 年才走到今天。这么有经验的顾问指引，尚且如此困难，所以当初想靠一本书就变革成功，的确很幼稚。

…………

以前我们做 IPD 其实很盲目，即使今天获得"蓝血十杰"的人也不得不说当时也没有这么深刻的认识，所以我们要感谢顾问，感谢做出贡献的功臣。除了获奖人员，还有很多没有获奖、默默做出贡献的人，希望他们也能分享公司未来的成果。

一、研究是将金钱变成知识的过程，开发则是将知识转换成金钱的过程（美籍华人科学家李凯语）。成功的标志是优质的客户体验和强大的产品竞争力。因此，技术只是手段，对准客户需求，紧紧追随支持体验与服务，实现商业变现。

密切注意消费行为的改变，跟随时代的步伐。要基于客户视角进行思考。时代在变，行业的边界变得模糊；跨行业竞争导致客户的需求变化周期缩短且多样性增加；竞争对手在变，华为的对手从电信厂商扩大到 IT 厂商，甚至更多。要有新的对标，产品开发模式要更加敏捷以适应上述变化，主动地调整，要有所为、有所不为。

希望 P&S（产品与解决方案部）体系好好对标，每个产品线不能"拥兵自重"，也不能各自为政。产品线不能以技术为中心，要以客户为中心，为客户服务，赚客户的钱。产品线总裁不是研发总裁，应该负责从研发、生产、交付、服务到生命后周期管理……产品线总裁的办公地点不一定在研发地，他的"作战"位置应该在前线，到"战争"最艰难的地方去。

…………

二、深刻理解 IPD 的核心理念，从商业机会梳理到商业变现的流程化管理。敢于挑战难的项目，实现大成功。

（一）我们是构建大的系统、大的平台，必须要有一些规划，不然就不能建立"万里长城"。现实中的万里长城是死的，而我们的"万里长城"是活的，随时都会改建一部分。若底层基础的"砖头"随时代进步而不可改，不能优化，那么我们就是一个僵化的公司。

IPD 就像万里长城一样，非常重要，不要因为互联网公司总是攻击我们，就对 IPD 失去信心。如果大家有兴趣，可以自己租一架飞机，沿着万里长城飞一万里（5000 千米）看看，悬崖、陡峭的高壁上都修了长城，中国人之伟大不可想象。即使现在走向热兵器时代，大量游客来游览，不少人仍靠着万里长城致富。所以，我们的 IPD 怎么会没有用呢？IPD、IFS、ISC、LTC 等流程促使我们做到行业领导者的地位，全世界没有第二家公司能做到 17 万人一条心、一股劲、一个平台。我们把"万里长城"的基础建牢固，面对未来海量的浪潮，会比互联网公司有更坚实的基础。当然，这么优质的平台一定要有"大河奔腾"的"踢踏舞""天鹅湖""茉莉花"……

（二）我们将担负起网络存量一万亿美元的维护服务，未来五年还会增加，其复杂性、及时性不可想象。利用人工智能来帮助我们维护这些网络，有利于及时、有效地为客户提供服务，提高服务质量，增强竞争力。因此，在新产品设计中，都要有自动检测、自动排除故障功能。

我们如何变革，使我们更加适应这个时代，而存活下来？在未来的变革过程中，产品开发不能站在自己的角度，一定要站在客户的视角，构筑自动检测、自动排除故障等能力，这样才能把质量提升上去，把成本降下来。如果我们优先利用人工智能为我们自己的网络服务，而不是对外服务，可能这方面也能做到世界第一。

三、加快优秀人才的培养与选拔，让青春早些放光芒。

让优秀人才早一些感知市场、服务、生产、交付、财务等，让人才的成长速度更快一些……

现在总裁办邮件发文经常附上社区跟帖。社区允许员工批评公司，允许他们的思想在公司发酵，这些跟帖就是"一代将星在闪耀"。

…………

从美国名校出来的学生思维发散，美国文化灿烂辉煌，灿烂辉煌在一定意义上意味着杂乱无章。但是，美国靠军队奠定了社会主航道的基石，美国军方要求高中前十名才能进入军事院校，训练非常严格，而且军校毕业的人必须上战场。参与战争后，再来学会管国家、管理企业。

华为公司IPD就奠定了一个基石，让所有优秀人才来"跳舞"，想怎么"跳舞"都可以……"万里长城"大平台上，我们要允许一些灵活开放的体系。各级领导要心胸宽广，让一些特别优秀的人才能在华为生存。

…………

HUAWEI

基于 IPD 的产品
需求管理过程

CHAPTER 5

以客户的需求为目标，以新的技术手段去实现客户的需求，技术只是一个工具。对技术的崇拜不要走到宗教的程度。我曾分析过朗讯可能失败的原因，得出的结论是不能走产品技术发展的道路，而要走客户需求发展的道路。

——任正非

企业是为了满足市场需求而存在的，企业就是一套需求加工和实现的系统，产品开发实现的本质就是满足了客户的某种需求或价值实现。需求的高效管理和实现是企业系统化、整体高效运作的本质要求。需求来源于市场，更来源于人性，来源于市场环境的变化。

错误的需求理解和盲目创新，会浪费企业的战略资源，造成大量库存或呆死料。需求管理不仅是产品技术层面的事情，也需要在战略思想和战略管控层面对其进行管理和指导。

第一节 对需求的再认识

一、需求管理常见问题

需求管理人员大多是技术骨干，需求收集和管理工作不够系统和全面；

需求管理人员未能掌握需求管理的常用工具和方法；

市场人员反馈的需求模糊不清，无法得到进一步的确认；

无法在大量的信息中发掘用户的潜在需求；

用户、管理人员、员工对需求的理解无法统一；

需求不断地变化、调整使产品难以定型；

对产品需求的理解不一致，产品方案的选择和定义不确定；

市场需求的收集和分析没有成为例行的活动；

市场需求仅侧重于功能，忽视了可运输、可制造、可安装、可维护等方面；

对需求的分析、验证缺乏系统的工具，一边实现一边确认需求。

二、对需求的态度 —— 对客户承诺的本质和深度

每一家成功市场化的企业都有"以客户为中心""客户第一"或者"顾客就是上帝"之类的核心价值观。下文选择思科公司和华为公司两个案例来说明，"以客户为中心"的本质是"对客户承诺的本质和深度"。

（一）思科公司的"客户至上"核心价值观

1.起步，爱情土壤中的技术之花

思科的诞生充满了浪漫的色彩。1984 年，斯坦福大学的莱昂纳德·波萨克和桑蒂·勒纳相恋，但是网络的限制使他们不能互发电子邮件。在爱情的催动下，莱昂纳德和同事开发出了能够连通不同网络的路由器。为了推广这项发明，莱昂纳德夫妇创建了思科。

刚起步的思科异常艰辛，产品靠手工组装，然后通过朋友关系销售。当产品的销路逐渐拓宽时，思科面临了资金的问题。1987 年，莱昂纳德和桑蒂夫妇拿到了唐·瓦伦丁的红杉投资公司注入的第一笔风险投资，这是思科的一个重要转折点。瓦伦丁利用投资关系主政思科之后，开始引入职业经理人的概念，于是就有了第一任 CEO 约翰·莫里奇。

莫里奇是思科早期发展的润滑剂。他 1988 年担任 CEO 之后，制订

了思科上市计划，以缓解思科高管的长期内斗。1990 年，思科在纳斯达克上市。同时，莫里奇也开始建立节俭的企业文化，这对于刚起步的公司而言，至关重要。1991 年，在高管的巨大压力下，莱昂纳德和桑蒂夫妇离开了思科，从此结束了思科的内斗，莫里奇完成了他在思科的历史使命。这时，莫里奇也寻找到了自己的接班人——约翰·钱伯斯。

2. 以互联网速度的高速发展时期

1991 年，钱伯斯以副总裁的身份加入思科，并于 1995 年正式从莫里奇手中接掌思科。此时的互联网正面临着质的飞跃。1996 年，美国制订了 NGI（下一代因特网）计划，建设"信息高速公路"，支持互联网技术的研究，全球其他国家也开始了高速互联网研究，互联网迅速普及。

面对疯狂膨胀的市场和高速发展的互联网，结合在 IBM 和王安电脑公司的经历，钱伯斯制定了思科独特的发展道路：走客户导向路线，而不是技术导向路线。为了满足客户的需求，钱伯斯用收购推动思科发展，疯狂收购以满足客户需要，把思科从一个单一销售路由器的小公司变成了一个提供完全解决方案的巨头。同时，钱伯斯还建立了思科的十二点企业文化。在钱伯斯的带领下，思科在短短的几年间迅速壮大，一度成为世界上市值最高的公司，与微软、英特尔并称为"三巨头"。

3. 战略调整期，在危机考验中回归技术核心

2000 年，互联网泡沫破裂，互联网经济陷入一片黑暗，股票下滑，网络公司大量倒闭。面对危机，思科开始解决危机中暴露出来的问题。第一，思科调整了自己的发展战略，从"四轮驱动"战略调整为产品"突破"战略，迅速收缩产品线，集中资源打造核心产品和能力；第二，调整组织结构，将多事业部制调整为基于技术部的工程结构和市场推进结构，加强集权程度，消除内部消耗，关注高增长业务和市场；第

三，重新定义供应链，削减大量供应商，精简经销商和代理商；第四，苦练内功，加强员工培训和 IT 架构的建设。这些举措帮助思科摆脱了危机，重新回到了行业领袖的位置。

4. 全面扩张期，基于技术扩张，重建网络帝国

虽然通过产品"突破"战略从危机中走了出来，但是刚刚恢复的思科却又不得不面对大批强大竞争对手的冲击。随后，思科先后进入了企业电话系统、针对个人用户的网络及电话设备，以及为电信运营商提供价值不菲的路由器。然而，在各个细分市场中，竞争对手都具有很强的竞争力，他们在漫长的产品线上进行攻击。为了保持优势，转变竞争态势，思科开始转变竞争方式，变零散的大面积竞争为向客户提供一个融入了多种综合性创新技术的基础平台。同时，鉴于传统市场已经成熟，竞争强度太大，思科开始凭借 IP 路由器和 IP 交换机开拓"蓝海"市场。针对不同的市场，思科不断培养细分市场的新产品和竞争能力，通过收购和长期投资形成了与竞争对手抗衡的能力。

5. 思科的上帝

思科的一个核心价值观就是"客户至上"。思科的第一个风险投资者瓦伦丁指出，思科公司区别于其他公司的一个重要特征就是思科的企业文化中强调对于客户承诺的本质和深度。思科培养了一种非常娴熟的倾听技巧。如果你曾经身处于 IBM 式的管理体制中，你就会注意到管理人员的办公室中都有一个标语——思考。但是，那是你在抽象的情况下一个人所做的事情。更重要的是，你要进行互动式的倾听，需要有其他人的参与。因此，思科的基石是发展一种具有广泛综合性的倾听能力。

经历了 IBM 和王安电脑公司失败的钱伯斯认为，"使公司陷入困境的两个主要原因，一个是远离客户，另一个是远离员工"。所以在

他执掌思科公司之后狠抓客户和市场，极力强调客户服务意识。为了将"客户至上"这个观点深入扎根在思科的企业文化中，钱伯斯身体力行，成为思科的客户服务模范先生。担任 CEO 后的第一次董事会，钱伯斯迟到了 20 分钟，因为他在电话中为一个客户排忧解难；10 年来，钱伯斯已经会见了上万名客户，他会把私人电话号码告诉客户，并鼓励他们有困难时打这个电话；每天晚上，他都会查看思科在全球 10 万个客户中的 20 个最重要的客户的销售情况，并迅速处理麻烦。

不仅身体力行，钱伯斯还要求所有员工将客户满意度摆在工作的首位，并将每个员工的收入同客户的满意度相挂钩。每年思科公司都要在客户中做广泛调查，从思科公司的产品质量到服务质量，总计 60 多个评价指标，而服务质量这一组的指标是专门针对与客户打交道的市场人员，以 5 分制计算，也就是说，如果客户完全满意，则各项平均分为满分 5 分。如果某个市场人员的分数提高了，那么他就会得到一笔较为丰厚的奖励；但如果他的成绩下降了，那么钱伯斯就会从他应该得到的资金里面毫不留情地拿掉一大笔。就是如此简单的制度，却大大提高了思科的客户服务质量。1996 年，表示完全满意的客户比例就从 1995 年的 81% 提升到 85%。在思科，每一个员工的胸牌上，你都能看到一个下一年度客户满意度需要达到的指标。对于思科的员工来说，这是比完成销售额还要重要的事情。

思科始终坚持以客户为中心，没有什么比客户成功更重要的，公司按照客户的需求调整技术的方向，在十年的时间里改变七次方向，客户转向什么样的技术和产品需求，思科也跟着改变，思科从一个单一生产路由器的公司迅速发展成为一个生产 25 类网络通信设备的公司，销售额从 7000 万美元迅速飙升为 180 亿美元。思科拥有一支高素质的团队，高效成功地满足客户的需求，并延伸了原来的目标："做那些被别人认为是不可能的事情。"

6. 与上帝沟通

思科的一个信条就是客户是最重要的创新源泉，在思科看来，如果产品的研发和生产不能满足客户的真正需求，这个产品就毫无价值。为了保证在实际运作中贯彻这一理念，思科非常重视与客户的交流，并建立了一套完善的机制予以保障。思科在不同技术领域设立了20多个研发团队，每个研发团队在各区域都有固定的工程师与之联系，他们每月会召开一次集体的电话会议，以定期从各区域那里获取客户的信息。这些研发团队每个季度还要与相关客户一起召开技术咨询会，直接倾听他们的建议。此外，思科的研发团队每两个财季会在总部召开技术会议，来自全球不同区域的工程师会集中提交基于客户需求的技术创新提案，在充分交换意见后，研发团队会对不同技术领域优先考虑的前十项提案进行可行性研究，然后再立项开发。思科端到端方式的实施就是思科以客户为中心、听取客户意见的结果，它把影像、数据和声音都集中在自己的产品上，从而使思科的网络设备可以为客户提供一站式服务。同时，尽力让自己发展为一家电子化公司的战略成为思科企业文化的一个关键部分。不同于当时其他企业建立的"信息堆积"网站，思科创造了一个能在网上处理实际业务的网站。这一举动超越了"空洞的"网站，具有真正的革命意义。而此后，思科通过业务运营中的客户服务自动化等举措，一步步实现了企业的电子化。很少有企业像思科这样在创新的过程中如此重视客户。而且，这种重视并不仅仅局限于了解客户所需要的产品，征询客户对于产品研发的意见，与客户交流也是思科重视客户的重要表现。思科每半年都会和客户进行一次面对面的沟通，向客户展示思科基于他们的意见所做的工作，并跟客户探讨方向是否正确。事实证明，这是思科成功的基础。思科公司负责技术市场开发的副总裁John

Bruno（约翰·布鲁诺）认为，交流是一切的核心，通过沟通保障机制，可以及时了解客户的真正需求并把握正确的方向。[①]

（二）任正非对华为终端的警示

1. 消费者业务就是聚焦提升消费者体验的本质，踏踏实实工作。本分对待消费者，提高消费者对于华为终端产品的体验。本分对待客户，兑现对客户的承诺，坚决抵制做一些华而不实的表面文章，是对公司和自己负责，是不浪费公司资源最好的方式。

2. 管理者要到现场了解消费者的需求，了解合作伙伴的需求，了解一线的需求。坚决抵制对一线简单粗暴批评，只要结果，不帮助一线解决实际问题和提供解决问题的方法。

第二节 需求管理流程

一、产品需求管理模型

在确定客户需求时，要考虑影响用户购买标准的八类基本需求（$APPEALS），并基于客户视角进行详细分解，形成有针对性的产品

---

①彭剑锋，王黎广.思科：互联网帝国 [M]. 北京：机械工业出版社，2010.

需求管理模型。

表 5-1　$APPEALS 模型

$ 价格	A 可获得性	P 包装	P 性能
受下列因素的影响	能够按照要求提供客户需要的东西	产品外观	产品预期的功能运行得怎么样
·设计 ·可生产性 ·技术 ·原料 ·生产 ·供应商 ·加工 ·元器件 ·人工成本 ·设施	·营销 ·销售 ·渠道 ·分销 ·提前期 ·广告 ·配置 ·选项 ·定价 ·客户化	·风格 ·大小、数量 ·几何设计 ·模块化 ·架构 ·表面 ·机构原理 ·标识 ·图形 ·内部、外部	·功率 ·要求 ·规格 ·功能 ·速度 ·容量 ·灵活性 ·多功能 ·大小
E 易用性	A 保证程度	L 生命周期成本	S 社会接受度
考虑到所有的用户、购买者、操作者、分销商	在可预见的条件下，保证运作性能	以下各项功能的生命周期成本	除用户之外，其他影响效果的因素
·用户友好性 ·控制器 ·人机工程学 ·培训 ·文档 ·帮助系统 ·人性因素 ·界面 ·操作	·可靠性 ·质量 ·安全性 ·误差范围 ·完整性 ·强度 ·灵活性 ·动力学 ·负荷 ·冗余度	·使用期限 ·正常运行时间 / 故障时间 ·安全性 ·赔偿责任 ·可维护性 ·服务 ·备份 ·迁移途径 ·标准化 ·基本架构 ·运行成本 ·安装成本	·间接影响 ·顾问 ·采购代理商 ·标准团体 ·政府 ·社会的认可 ·法律方面的关注事项 ·政治 ·股东 ·管理层 ·工人、工作场所

二、需求管理业务流程

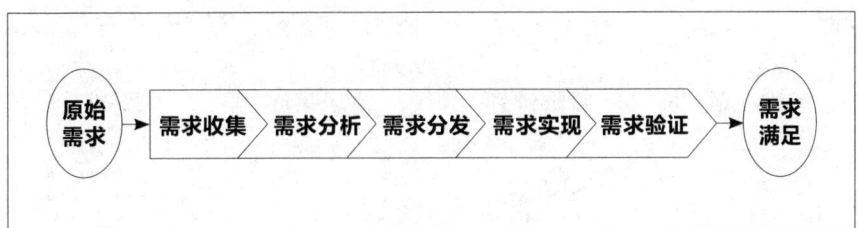

图 5-1　需求管理过程

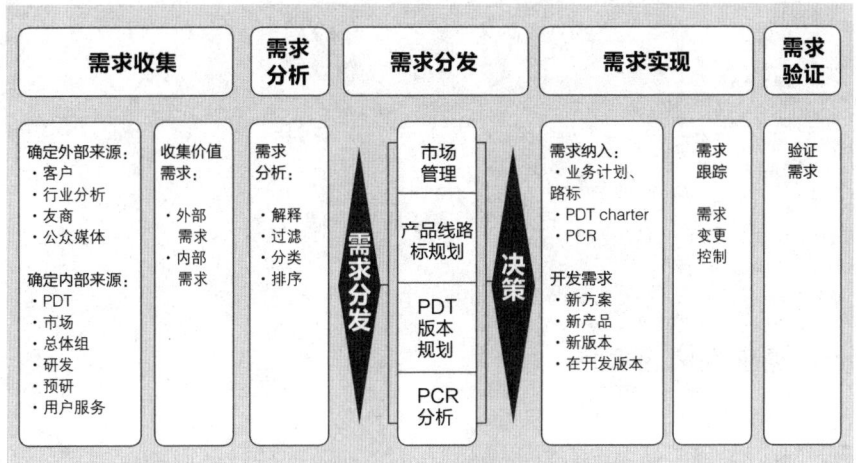

图 5-2　需求管理流程

第三节　需求收集流程

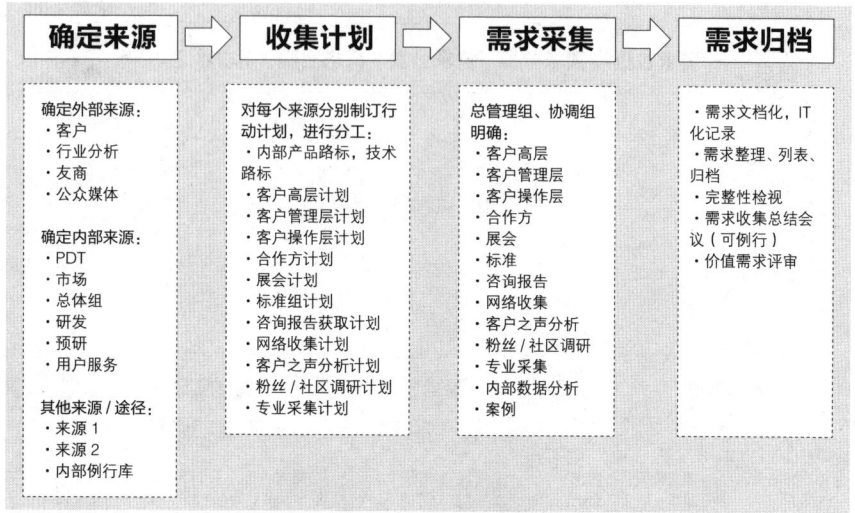

图 5-3　需求收集流程

一、需求收集的来源

路标规划：通过市场管理流程分析，落实到路标规划中的需求。

外部需求：从公司外部收集的需求，来源包括客户、市场、行业会议、竞争对手等，主要针对细分市场需求。

内部需求：如 DFX[1] 需求、架构需求和关键技术落地需求。

需求基线：包括标准、客户准入、法律法规等稳定的需求集。

---

[1] DFX：design for x 的缩写，意为面向产品生命周期各 / 某环节的设计。

二、外部客户需求收集的途径

客户满意度；

客户服务 / 支持热线；

行业标杆（产品对比）；

与客户高层交流；

与用户服务高层交流；

客户决策支持中心（中层、基层客户信息收集）；

现场支持人员反馈；

解决方案团队；

试验局；

行业会议、展会、技术交流会；

客户顾问委员会；

客户简报（产品宣传反馈）。

三、如何发现客户的隐性需求，从而比客户更了解客户

客户不能告诉你应该开发什么产品，也不能提供他们没有体验过的或不了解的事物信息。因此，对客户深层次和潜在需求的挖掘，需要应用同理心或让用户深度参与。可选的方式有：

让自己成为客户 / 用户；

与客户生活在一起，观察用户对产品的使用习惯和使用感受；

与客户深入详细地面谈（五至七名就足够）；

让客户加入产品开发团队；

培养和管理粉丝用户；

建立用户社区，进行需求讨论。

四、如何让相关部门的需求采集活动有效展开

让所有相关者都知道什么是高质量需求；

通过计划来规范后续的活动。

五、高质量需求的标准

相关性；

准确性；

可理解；

无二义性；

完整性；

一致性；

可度量，可验证；

逻辑清楚。

六、客户需求收集十问

客户目前如何解决他们的问题？

如果客户重新选择，他们将如何选择？

客户目前尚有哪些需要解决的问题？

选择标准与优先权重是什么？

现有产品的准则中项目如何排列权重？

喜欢或不喜欢产品（竞争）的哪些方面？

对于产品特征、属性、性能，哪些是必须具备的？哪些是更好的？哪些是可有可无的？哪些是不需要的？还缺什么？

如何权衡价格、性能、特征、属性？

如何使用产品，与其他产品的配合关系是怎样的？

客户的经济、价值角度是什么？

表 5-2 为外部需求收集参考表格：

表 5-2　外部需求收集参考表

部门：	姓名：	联系方式：
采集的活动 (Where)	**客户的描述**	**加入自己的声音**
▶ ……	1.…… 2.…… 3.…… 4.……	▶ Who、Where、When ▶ Why、What ▶ How、How much
客户情况介绍 (Who)	**如何实现该需求（How）**	**公司的产品需求**
·公司介绍 ·部门介绍 ·业务介绍 ·需求产生的场景 （Where）	▶ ……	▶ ……

七、内部需求收集

表 5-3　内部需求收集参考表

领域	需求基线	基线说明
PMT	细分市场历史数据和未来预测	定义市场需求包范围和边界
产品经理 / 市场营销代表	市场空间和机会分析基线；竞争对比列表、产品卖点管理、产品特性列表	竞争与市场分析、领先策略分析、成本和利润空间分析
系统工程师	用户场景基线、产品概念和备选解决方案分析	产品概念与解决方案初步分析
总体技术部	技术要求基线（包括可靠性、归一化、节能、以用户为中心的设计等）	产品技术约束、需求和要求
技术专家	技术发展对比、技术布局	对技术方向选择给出分析
服务代表	历史网上 / 用户问题库、可服务性基线	收集产品问题与经验
测试代表	产品开发问题单整理、可测试性需求	定义可维护性 / 可测试性 / 需求
采购代表	采购需求的基线库	定义可采购性需求
制造代表	可制造性需求基线	定义可制造性 / 可吊装性 / 可运输性需求

八、原始需求汇总

原始需求是零散的，需要统一管理（建需求管理库）。

记录客户需求要注意：客户语言、清楚、简明、特定环境。

要站在客户的角度来考虑需求。

第四节 需求分析方法

需求分析分为需求解释、需求过滤、需求分类、需求排序四步，具体见图 5-4：

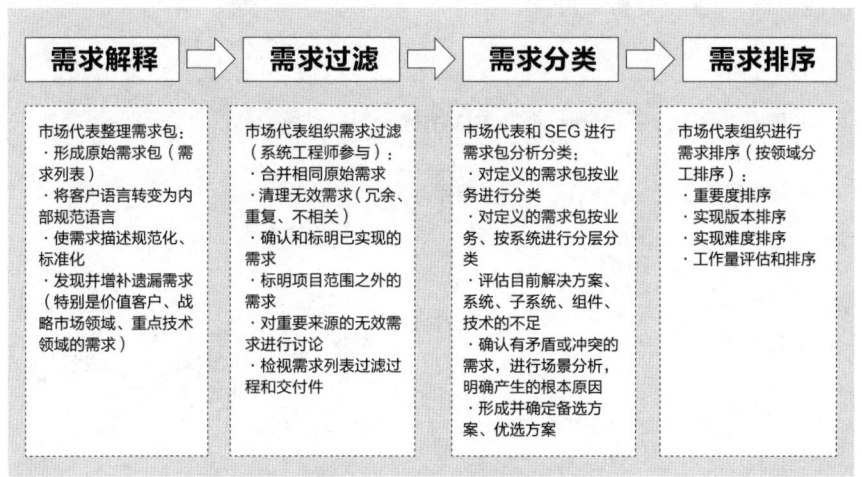

图 5-4 需求分析过程

SEG：system engineering group 的缩写，意为系统工程组

其中，需求解释环节要完成客户需求语言向内部规范描述语言的转换；需求过滤环节要去伪存真、去粗取精；需求分类环节要将需求按业务领域、功能领域分成可分工分析的类别；需求排序环节要按后续业务和资源的匹配需要进行排序，以便后续分发。

对于市场领先产品或者成熟产品的升级，上述需求分析过程可适当简化。

第五节 需求分发过程

需求分发是将 RAT[①] 批准的要实现的需求，按照实现交付的时间点，划到不同版本的计划中，以实现"看五步，理三步，走一步"，随需应变的产品开发和交付。

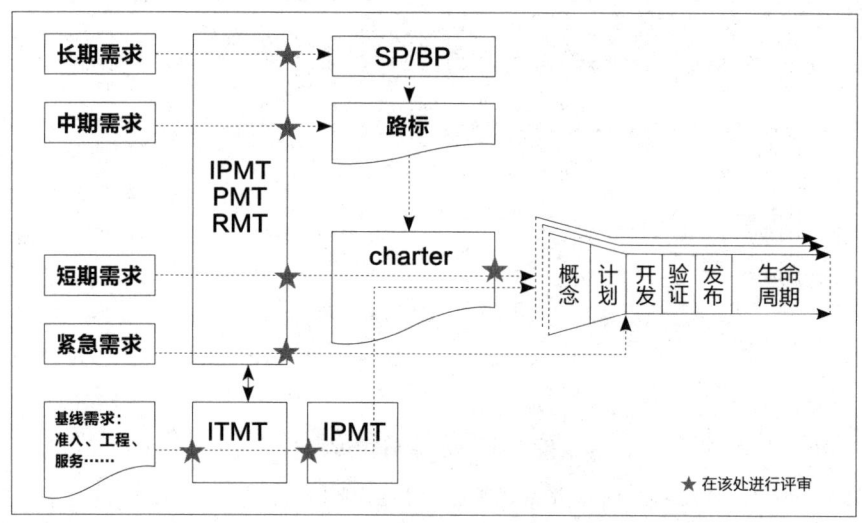

图 5-5 不同类型的需求分发过程

RMT：需求管理团队的英语缩写。该团队属于组合管理团队的需求管理子团队，负责市场需求管理和决策

长期需求主要有产品长期需求和技术演进需求，经 RAT 批准后，

---

① RAT：需求分析团队的英语缩写。该团队是一个跨功能部门的团队，由系统工程师和研发、市场营销、销售、制造、采购、技术服务、质量管理等各领域的专家组成，负责市场需求分析。

列入战略规格业务模块并进行分析和规划。

中期需求指一至三年的产品需求，需要经 RAT 评审后，列入路标管理模块。

短期需求指下个目标版本需要实现的需求，通过 RAT 评审后，进行产品立项，由 PDT 负责开发交付。

紧急需求指应管理层、高价值客户提出的紧急需求，经 RAT 和 PDT 评估可行性和资源后，直接合入 PDT 的开发活动中，或由 PDT 开发补丁版本予以实现。

需求分发的例行活动由 RMT 管理实施，形成的规划、路标和版本建议要由 IPMT 和 PMT 共同决定。一般是 IPMT 跟踪关键客户和关键需求，持续关注 RAT 的整体活动进展。涉及技术问题的，还需要 ITMT 参与决策。一般来说，对于重要产品和重要版本，会前各组织进行沟通，PMT 和 RMT 参与 IPMT 会议，一次性解决规划问题（包括权力、责任分配和投资决策）。

第六节　需求实现过程

一、需求转化状态和需求实现的简要过程

需求实现主要由 PDT 来进行，包括从产品包需求到测试多个环节。

从整个需求生命周期来看，有多种状态转换，需要经过多个处理转化过程，具体如图5-6所示：

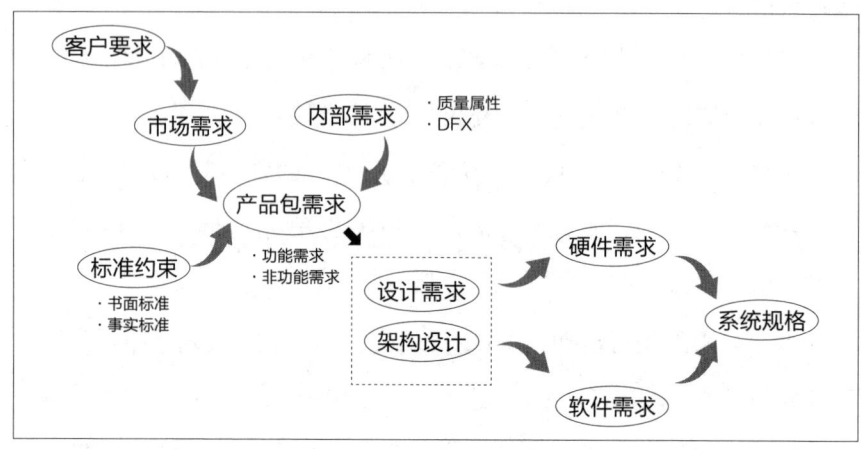

图5-6 需求状态转换

二、产品包需求分解[①]过程

产品包需求 = 初始需求 + 系统特性 + 系统需求。

表5-4为产品包需求分层模型：

---

① 需求分解：将设计需求（对产品包需求进行分解和整理，用以指导系统设计的需求描述）按照功能、层次逐步细化。由系统工程师、硬件工作师、软件工程师和结构工程师一起分析产品包需求，将需求分解成硬件、软件或结构子系统，再将其进一步分配到下一层子系统、部件或模块中。需求分解要确定某些特殊需求怎样由硬件、软件、结构或任何组合形式实现。

表 5-4 产品包需求分层模型

分类	定义	需求分层关系	需求分解	示例
客户问题	客户期望产品解决的问题（内部/外部）	客户问题	原始需求 → 初始需求	原始需求：手机不支持通话中录音，很不爽，要是能录音就好了 初始需求：客户希望手机在通话过程中能够录音
系统特性	描述产品为解决客户问题所需的能力	系统特性	特性需求	特性需求：手机需支持通话录音功能
系统需求	对系统特性进行分析加工后，形成产品的黑盒交付需求，不涉及具体的实现方案	系统需求 功能需求 非功能需求	系统需求	系统需求：1.通话中可启动录音；2.通话结束录音停止；3.录音文件采用MP3格式；4.用户可随时回放电话录音文件；5.启动和停止可单手操作

客户问题（PB）：客户面对的挑战和机遇，即原始需求，它是为客户带来价值的产品核心。

系统特性（SF）：系统特性描述产品为解决客户问题所具备的重大能力，是产品包的主要卖点，每条特性都是满足客户特定商业价值诉求的端到端解决方案。

系统需求（SR，需求分层关系栏）：指支撑系统特性所需的具体需求，是系统对外呈现的、可测试的全部功能需求和非功能需求。系统需求不仅包含从客户视角分解到系统的所有需求，还包括体现产品竞争力的内部"上游"和"下游"的所有需求，如可制造或可供应、可测试、内存大小、处理能力等。

原始需求（OR）：指客户对问题或产品功能、性能等要求的具体描述。

初始需求（IR）：经需求解释后，用企业内部使用的规范语言描述的原始需求。

特性需求：对初始需求进行分类后，转化为产品系统级客户可体验或可见的特性的描述。

系统需求（SR，需求分解栏）：指对系统特性进行分析加工后形成的针对产品的黑盒交付需求，不涉及具体的实现方案。

三、需求的分解及其与设计实现的对应关系

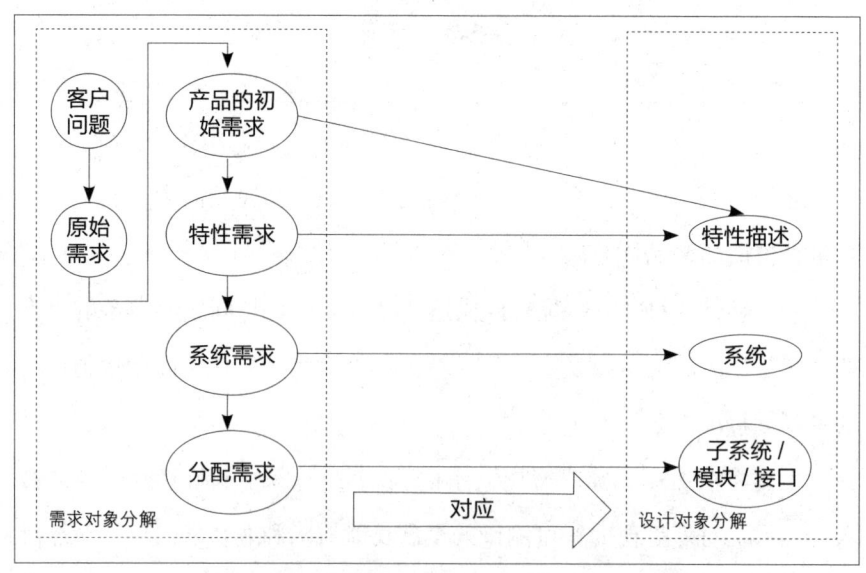

图 5-7　需求的分解及其与设计实现的对应关系

四、系统需求分解分配过程

需求分配将分解后的设计需求指配到具体设计模块，并确定每个设计模块的规格。需求分配要决定哪些需求由硬件实现，哪些需求由软件实现，哪些需求由结构实现，硬件、软件、结构之间的接口也要定义清楚。分配需求（AR）是根据系统需求分解到子系统 / 模块的功能或非功能性需求，实际上也是系统需求的一种表现形式，可以按领域进行，也可以按子系统进行，这需要根据组织分析的效率进行选择。

系统需求分解分配过程见图 5-8：

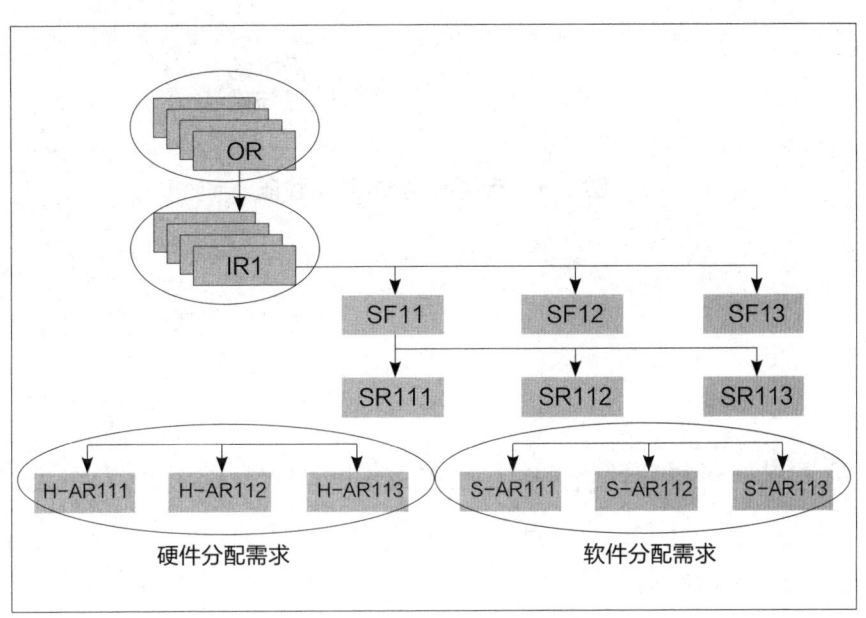

图 5-8 系统需求分解分配过程

五、市场需求的执行与验证

完成需求分配后，由各开发组设计、开发实现，由测试部进行测试，确认需求实现即完成验证。该活动主要在产品开发流程中进行。

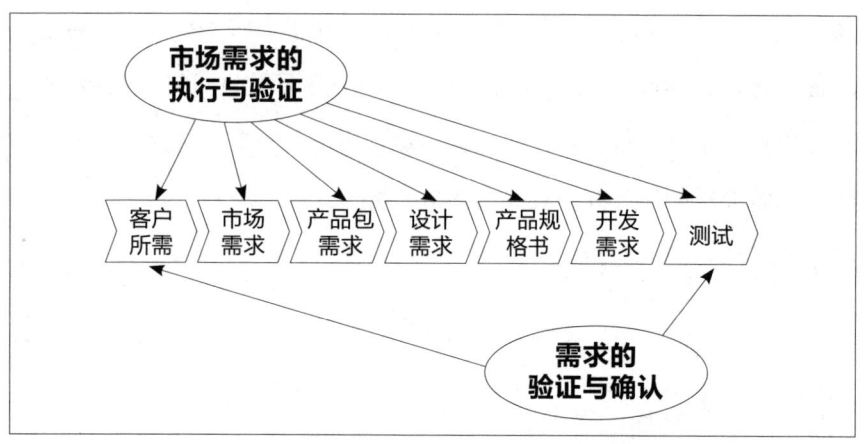

图 5-9　市场需求的执行与验证

第七节　延伸阅读：开发产品要以客户需求发展为中心

以客户的需求为目标，以新的技术手段去实现客户的需求，技术只是一个工具。

对技术的崇拜不要走到宗教的程度。我曾分析过朗讯可能失败的原因，得出的结论是不能走产品技术发展的道路，而要走客户需求发展的道路。①

客户购买的不是产品，而是产品的使用。不管什么样的需求，我们都应有清晰、简洁的客户界面。客户需要的是体验，而不是设备的指标，产品线以技术分类的烟囱型发展模式要思考。

有些部门为了满足客户所有需求，最后做不好大平台。我们要学会适当拒绝，因为我们不是万能的。客户有需求，我们都必须有边界地满足，只能有限度地满足，要有战略集中度。对于限度以外的需求，我们应该开放，让其他公司来满足客户碎片化的需求。②

---

①金光大道．任正非：管理第一，技术第二 [EB/OL]．（2016-10-14）[2017-09-10].http://xinsheng.huawei.com/cn/index.php?app=forum&mod=Detail&act=index&id=3215785&search_result=2.

②华为总裁办．IPD 的本质是从机会到商业变现——任总在华为公司 IPD 建设蓝血十杰暨优秀 XDT 颁奖大会的讲话 [EB/OL]．（2016-09-26）[2017-09-10].http://xinsheng.huawei.com/cn/index.php?app=forum&mod=Detail&act=index&id=3195237&search_result=1.

HUAWEI

第六章

IPD 流程概要

CHAPTER 6

先僵化，再固化，后优化。僵化是让流程先"跑"起来，固化是在"跑"的过程中理解和学习流程，优化则是在理解的基础上持续优化。经过十几年的持续努力，取得了显著的成效，基本上建立起一个集中统一的管理平台和较完整的流程体系，支撑华为进入了 ICT 领域的领先行列。

——任正非

IPD 流程不仅是开发流程，还是跨功能部门的业务过程。它将管理产品包所需的全部主要活动整合起来，形成结构化的并行业务过程，保证计划、交付、质量和生命周期管理工作的成功，实现产品开发的业务目标。它使开发、财务、制造、采购、市场和服务等多个业务领域的工作有机集成，并对与产品包相关的主要使能流程进行监管，以保证整体业务计划和目标的实现。

第一节　IPD 流程简介

一、通过 IPD 流程对产品包的定义、开发、交付、市场维护、服务和退出进行管理，包括以下内容：

产品开发——产品包所需新硬件、新软件以及资料的设计、开发与测试；

制造能力——新生产线的引进、生产、供应商选择、产量与产量的逐渐增加；

履行——手工或自动的订单、发票与服务处理等；

采购——通过 sourcing teams[①] 进行价值判断、谈判、合同管理、履职、供应商关系管理等，从外部供应商处采购商品或服务；

财务 / 定价——有关财务的各个方面，包括条款、收入和利润；

宣传沟通——出版物、发布、广告等；

产品线营销——确定具体的产品行销需求、环境、竞争分析与计划；

渠道管理——直销、分销、增值再售商、系统集成商、OEM；

服务与支持——技术支持与服务。

应用 IPD 流程是为了指导 PDT 和 LMT 在产品的整个生命周期对项目进行管理。

IPD 流程的开端是产品线 IPMT 通过项目任务书授权项目启动。项目启动处于概念阶段，PDT 经理会收到来自产品线 IPMT 的项目任务书，得到授权，启动项目，组建 PDT，并确定项目进度和目标。当停止对产品包的服务，针对产品包的活动和履责完毕时，流程和项目就结束了。

漏斗形分阶段控制的集成产品开发流程如图 6-1 所示：

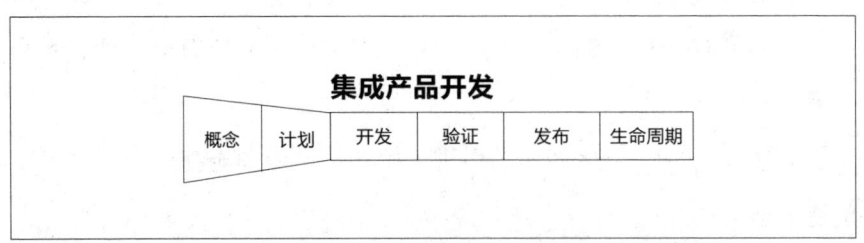

图 6-1　IPD 流程阶段划分

---

① sourcing teams：新器件选用流程中的角色之一，由负责器件选型的技术人员和采购人员组成，分为技术和商务两个小组，技术小组以器件归一化负责人为组长，商务小组以采购部负责供方和成本管理的人员为组长，分别组织相关技术人员、采购人员对新选器件从技术角度和商务角度进行评审，并给出评审结论。

　　二、IPD 流程变革主要集中于跨部门的团队、结构化的流程。在结构化流程的每个阶段和决策点，由不同功能部门人员组成的跨部门团队协同工作，完成产品开发战略的决策和产品的设计开发，通过项目管理和管道管理来保证项目顺利完成。

　　（一）跨部门团队

　　在 IPD 流程中有两种跨部门团队：一是 IPMT，属于高层管理决策层；二是 PDT，属于项目执行层。

　　IPMT 和 PDT 都由跨职能部门的人员组成，包括开发、市场、生产、采购、财务、制造、技术支援等不同部门的人员，其人员层次和工作重点都不同。

　　IPMT 由公司决策层人员组成，其工作是确保公司在市场上有正确的产品定位，保证项目、保证资源、控制投资。IPMT 同时管理多个 PDT，并从市场角度考察他们是否盈利，适时终止前景不好的项目，保证将公司有限的资源投到高回报的项目上。

　　PDT 是具体的产品开发团队，其工作是制定具体的产品策略和业务计划，按照项目计划执行并保证及时完成，确保按计划及时地将产品投放到市场。PDT 成员在产品开发期间一起工作，由项目经理组织，可以是项目经理负责的项目单列式组织。

　　（二）结构化流程

　　IPD 流程被明确地划分为概念、计划、开发、验证、发布、生命周期六个阶段（不同行业的企业可根据自身业务情况，逐渐形成适合本公司的产品开发流程），且流程中有定义清晰的决策评审点。这些评审点的评审已不是技术评审，而是业务评审，它更关注产品的市场定位和盈利情况。决策评审点有一致的衡量标准，只有完成了规定的工作才能进入下一个决策点。

以下是典型的 IPD 流程：

1.在概念阶段初期，一旦 IPMT 认为新产品、新服务和新市场有开发价值，就将组织并任命 PDT 成员。

2.PDT 了解未来市场、收集信息、制订业务计划。业务计划主要包括市场分析、产品概述、竞争分析、生产和供应计划、市场计划、客户服务支持计划、项目时间安排和资源计划、风险评估和风险管理、财务概述等方面的信息，这些信息都要从业务角度来思考和确定，保证企业最终能够盈利。

3.完成业务计划之后，进行概念决策评审。IPMT 审查这些项目，决定哪些项目可以进入计划阶段。

4.在计划阶段，PDT 综合考虑组织、资源、时间、费用等因素，形成详细、正确率较高的总体业务计划。

5.PDT 将总体业务计划提交给 IPMT 评审，如果评审通过，项目就进入开发阶段。PDT 负责管理从计划评审点到将产品推向市场的整个开发过程，PDT 小组成员负责落实相关部门的支持。

6.在整个产品开发过程中，就每一活动所需要的时间和费用，不同层次的人员、部门依次做出承诺。

第二节　IPD 流程的主要内容

一、产品开发流程袖珍卡示例

表 6-1 为产品开发流程袖珍卡示例，即以一张概略图的形式展示产品开发主流程，主要内容是：

阶段划分——说明产品开发分为哪些阶段，各阶段的目的和主要内容是什么。

活动说明——产品开发过程中各阶段所有关键活动的描述。

角色职责——各部门人员在产品开发过程中需要做的事情，即职责和任务。

表6-1　产品开发流程袖珍卡示例

业务领域	概念	计划	开发	验证	发布	生命周期
IPMT（决策）	▲概念决策；组建PDT；下达项目任务书；制订产品业务战略计划书	▲计划决策；提前采购决策；优化产品业务计划书；制订3/4项目计划	项目合同；▲初始产品物料采购决策	▲早期销售决策；量产物料采购决策；▲可获得性决策；更新产品业务计划书与批准发布项目	经验教训总结	▲组建GA／LMT；▲退出市场决策；产品生命周期终止；计划任务书；产品维护管理
PDT（决策支撑）／项目管理	对外合作策略分析；制订WBS1/2级计划；制订概念阶段3/4项目计划	优化产品业务计划书；制订计划阶段3/4项目计划；制订后续阶段3/4项目计划	监控和管理项目			
财务	设定产品目标成本；初步的财务评估	优化财务计划；优化评估	跟踪目标成本／费用管理	可获得性财务分析		维护改进目标成本评估；损益分析
PQA	■TR1 制订产品质量目标策略	■TR2 优化产品质量策划方案	■TR3 ■TR4 ■TR5 监控产品质量目标和计划	■TR6		监控产品质量目标与持续改进
研发｜系统工程	识别产权分析／标准研究；技术路线分析／标准研究；提供准备选方案	需求的分解与分配；系统方案与规格设计	监控和析解需求、规格、配置、产品数据	向订单量行提供快速终端配置；外部系统认证		产品维护改进与技术支持
研发｜硬件开发	定义产品包需求	分解目标成本	硬件开发和调试；硬件详细设计；单元测试；硬件集成测试			
研发｜软件开发			软件开发和调试；软件详细设计；软件集成测试			
研发｜工业设计	概念性工业设计	概要设计				
研发｜结构开发			结构开发和调试；结构详细设计；整机试装			
研发｜测试	识别可测试性需求	制定系统测试方案；制订测试标准计划	测试环境开发／优化测试用例；参与集成测试；功能样机测试	组织技术培训；性能样机测试；试验局开局；试制验证支持		
研发｜资料		制订资料（中英文）开发计划；优化资料（中英文）开发计划	资料开发			
采购	供应商＆物料选择策划	优化供应商＆物料选择方案；提前物料采购	供应商选择；初始产品物料采购；功能样机物料采购	量产物料采购		供应商监控

续表

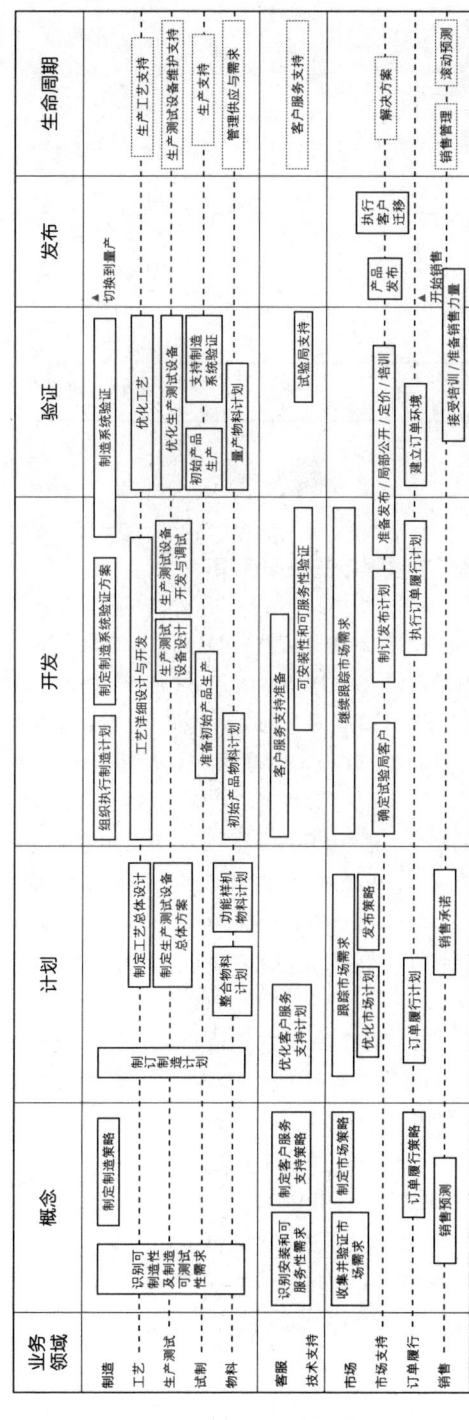

业务领域		概念	计划	开发	验证	发布	生命周期
制造		制定制造策略					
	工艺	识别可制造性及可测试性需求	制定工艺总体设计	组织执行制造计划；工艺详细设计与开发	制造系统验证；优化工艺	切换到量产	生产工艺支持
	生产测试		制定生产测试设备总体方案	制造制造系统验证方案；生产测试设备设计；生产测试设备生产；开发与调试	优化生产测试设备；支持制造系统验证		生产测试设备维护支持
	试制		功能样机物料清单方案	准备初始产品生产；初始产品物料计划	初始产品生产；量产物料计划		生产支持
	物料		整合物料计划				管理供应与需求
客服		制定客户服务支持策略					
	技术支持	识别安装和可服务性需求	优化客户服务支持计划	客户服务支持准备；可安装性和可服务性验证	试验局支持		客户服务支持
市场		制定市场策略					
	市场支持	收集并验证市场需求	跟踪市场计划；优化市场计划	继续跟踪市场需求；确定试验局客户	准备发布/局部公开/定价/培训；接受培训/准备销售力量	产品发布；执行客户迁移	解决方案；销售管理
	订单履行	订单履行策略	订单履行计划	制订发布计划；执行订单履行计划	建立订单环境	开始销售	
	销售	销售预测	销售承诺			开始销售量	滚动预测

TR：技术评审的英语缩写。项目组在 TR 点对项目进行评审，全面评估项目是否符合项目目标和范围

PQA：process quality assurance 的缩写

WBS：work breakdown structure 的缩写，意为工作分解结构

TR1：概念阶段技术评审点——产品需求、产品概念

TR2：计划阶段技术评审点 1——产品需求、分解分配和产品规格

TR3：计划阶段技术评审点 2——概要设计

TR4：开发阶段技术评审点 1——详细设计、BBFV（构件模块功能测试）结果

TR5：开发阶段技术评审点 3——初始产品的质量 [ST（系统集成测试）结果]

TR6：验证阶段技术评审点——Beta 测试（用户验收测试）、制造系统验证、认证和标杆测试结果

二、产品开发过程中的评审

产品开发过程中的决策评审见图 6-2：

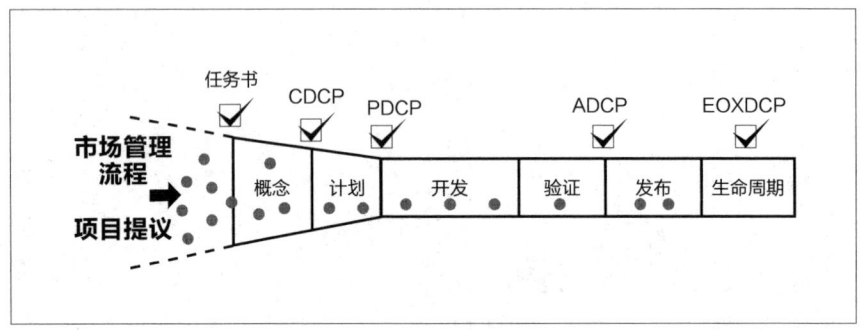

图 6-2　产品开发过程中的决策评审

CDCP：concept decision check point 的缩写，意为概念决策评审点。在概念阶段结束时要召开一个概念决策评审会，在这个会议上，PDT 正式向 IPMT 报告初始的业务计划，由 IPMT 决定项目是继续还是终止。若初始的业务计划得到批准，分委会将做出下一阶段开始前所需的承诺，项目进入计划阶段。CDCP 通过意味着决策团队同意 PDT 计划阶段的资源投入

PDCP：plan decision check point 的缩写，意为计划决策评审点。在计划阶段结束时要召开一个计划决策评审会，在这个会议上，PDT 向 IPMT 展示最终的业务计划和决策合同，由 IPMT 做出继续或终止的决策。最终的业务计划以初始的业务计划为基础，但提供了更多、更详细的内容和对计划的承诺。若业务计划获得批准，则 PDT 与 IPMT 签订合同，合同中列出允许的偏差，项目进入开发阶段。合同代表 IPMT 做出的坚实承诺，即每个主要部门都将支持项目以及给 PDT 必要的资源；PDT 承诺按合同要求完成项目的交付。PDCP 通过意味着决策团队同意 PDT 开发验证阶段的资源投入，意味着 PDT 按照签订的合同要求开发并交付产品包

ADCP：availability decision check point 的缩写，意为可获得性决策评审点，是产品正式公开发布、推向市场前的最终决策评审，需要 IPMT 明确做出继续或终止的决策。可获得性决策评审应在任何主要的发布花费投入之前进行，评审的目的是证实在计划阶段制订的业务计划中的估计和假设，并评估产品发布前公司的准备情况。ADCP 通过意味着决策团队同意 PDT 发布阶段的资源投入，产品可大批量上市

EOXDCP：end of x decision check point 的缩写，意为生命周期管理中的各种决策。EOXDCP 通过意味着决策团队同意该产品退市

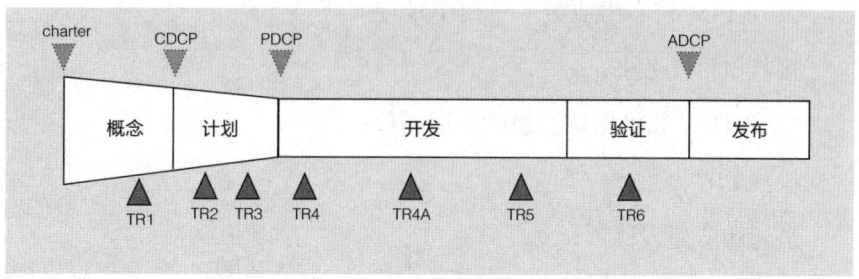

图 6-3 产品开发过程中的技术评审

TR4A：开发阶段技术评审点 2——原型机的质量 [SDV（系统设计验证）结果] 和初始产品的准备情况

charter 评审通过意味着决策团队同意立项，以及概念阶段的资源投入。

表 6-2 活动说明示例

活动 / 活动号	活动描述
概念启动 IPMT-05	根据产品路标规划和规划基础活动的成果，IPMT 和相关专家进行产品概念启动评审，给出评审结论。评审通过，则组织成立 PDT，开始概念阶段的工作
接受项目任务书 PDT-03	1. 与 IPMT 沟通，充分理解项目任务书； 2. 与 IPMT 确认 PDT 核心组和需求分析组等资源到位； 3. 将项目任务书发布给 PDT 成员
接受项目任务书 PDT-05	组织 PDT 核心组成员共同讨论制订项目概念阶段的计划（只限于概念阶段活动），为概念阶段的工作提供指引

三、角色职责示例

（一）PDT 核心组成员——PDT 经理

接收项目任务书；

与 IPMT 一起确保核心组的资源到位；

组建 PDT；

进行团队建设练习；

召开概念阶段的开工会；

召集 PDT 核心组，对项目任务书和期望进行沟通；

制订概念阶段 WBS3/4 级计划 [①]；

确定各决策评审点、Beta 测试开始时间、发布 /GA 目标日期的时间表；

进行整体风险评估；

组织制订产品包 / 解决方案业务计划；

整合和准备概念阶段的汇报材料；

制订端到端的 WBS1/2 级计划 [②]；

召开经验教训总结会。

（二）PDT 核心组成员——研发代表

负责完成产品包 / 解决方案业务计划中的下列部分：

初始产品包设计；

可靠性、可用性、可服务性（RAS）和质量目标；

---

① WBS3/4 级计划：WBS3 级计划是 IPD 流程活动的细化，是 PDT 核心代表控制各自领域的工作的依据；WBS4 级计划是 IPD 流程活动的进一步细化，是指导 PDT 活动的依据。

② WBS1/2 级计划：WBS1 级计划是关键决策评审点的计划，是 IPMT 控制项目的依据；WBS2 级计划是 IPD 流程袖珍卡中要求的活动计划，是 PDT 经理控制项目的依据。

收集大致的成本数据；

预测单元成本目标；

与市场部就产品包／解决方案业务计划达成共识；

通过确定支持项目目标和产品线策略的替代方案，支持对产品的定义。根据需要，作为与系统部或总体技术部门的接口；

定义产品包；

评估产品包的技术风险；

查验和获得知识产权；

需要时提交专利申请；

决定是否需要收购和／或建立研发业务伙伴；

定义产品包和／或技术依赖关系；

选择部件；

制订资产重用计划；

组织产品演示或展示。

（三）PDT 扩展组成员——系统工程师

确定可靠性、可服务性等其他技术领域的需求；

进行知识产权和智力资本分析，并评估替代技术；

形成和评估产品包概念，并选择一个概念；

探索替代概念，提供替代技术；

制定标准策略，定义产品包需求和产品包概念；

牵头进行技术评审 1 的技术讨论；

对产品包需求进行正式的变更控制；

监控和管理需求变更；

验证 Beta 测试或早期销售交付的实施方法；

预见生命周期对该项目的挑战，形成需求并解决这些挑战；

集中到某个产品包概念并形成标杆;

对硬件和软件要素进行初始选择;

评估共用硬件和软件的使用,让共用构建模块的使用最大化;

制订初始 BOM[①]。

第三节　IPD 流程各阶段活动概要

一、概念阶段

在概念阶段要保证 PDT 根据项目任务书,对市场机会、需求、质量、潜在的技术和制造方法 / 风险、成本 / 进度预测和财务影响进行评估和归档。该评估归档在初始产品包 / 解决方案业务计划中。

概念决策评审点是概念阶段的终点。PDT 经理整合概念决策评审的汇报材料,向产品线 IPMT 汇报,并由产品线 IPMT 进行审批。如果获得批准,则项目进入到计划阶段,否则取消项目或重新确定方向。

图 6-4 为概念阶段的活动概要:

---

① BOM: 即物料清单(bill of material),是记录研发成果,反映公司产品物料构成关系的数据文件,自下而上反映公司产品从原材料到半成品,再到成品的加工过程,是指导生产、计划、商务、采购、成本核算及技术管理的基础数据。

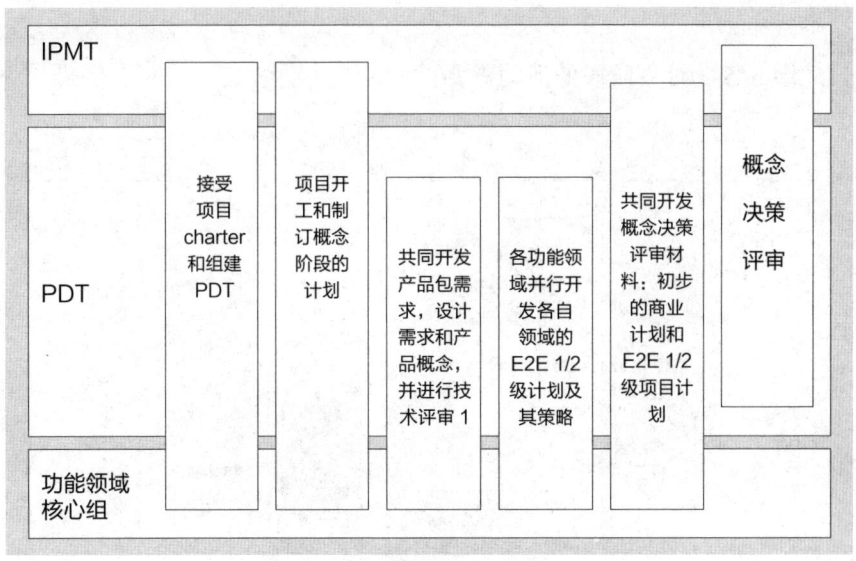

图 6-4　概念阶段的活动概要

二、计划阶段

在计划阶段要将产品包/解决方案业务计划扩展成详细的产品包定义，启动对开发方法的正式规划，包括完整的产品定义、开发与制造方法、销售与营销计划、项目管理计划、产品支持计划、详细的进度以及财务分析。

计划决策评审点是计划阶段的终点。在计划决策评审点，PDT 和产品线 IPMT 要对决策评审材料里总结的内容做出承诺。PDT 向产品线 IPMT 汇报计划决策评审材料，由产品线 IPMT 进行审批。一旦获得批准，产品包/解决方案业务计划就会与计划决策评审点合同一起成为对业务的承诺，成为衡量后续各阶段的基线。

进行计划决策评审之后，如果承诺发生变化，就需要提交计划变更请求。

图 6-5 为计划阶段的活动概要：

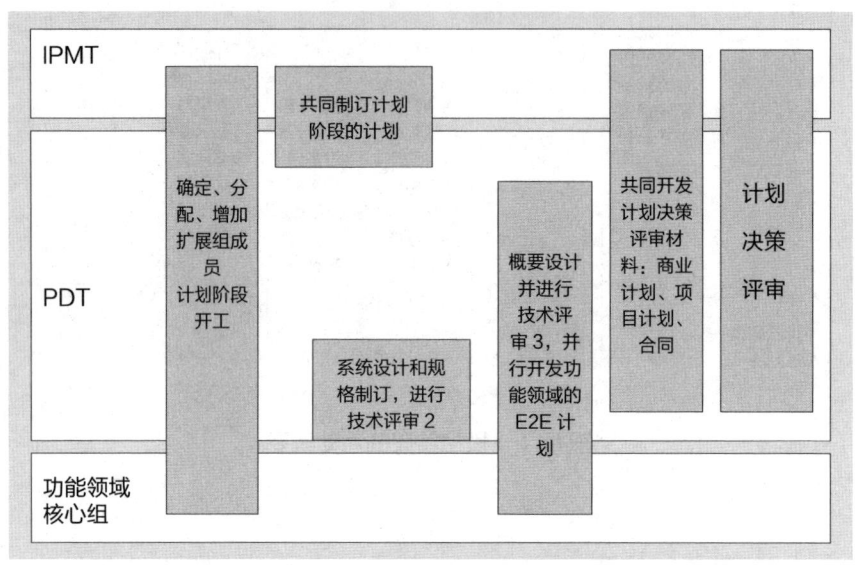

图 6-5　计划阶段的活动概要

三、开发阶段

开发阶段包括产品设计、集成和验证、制造工艺设计或实施、性能、技术或构建模块、制造风险评估的各个方面。

开发阶段退出即开发阶段的结束，能否通过退出审批要依项目的状态而定——PDT 经理宣布 PDT 一致认为该阶段所有要求做的活动都已经完成。开发阶段退出的主要标准是成功进行技术评审 5。

图 6-6 为开发阶段的活动概要：

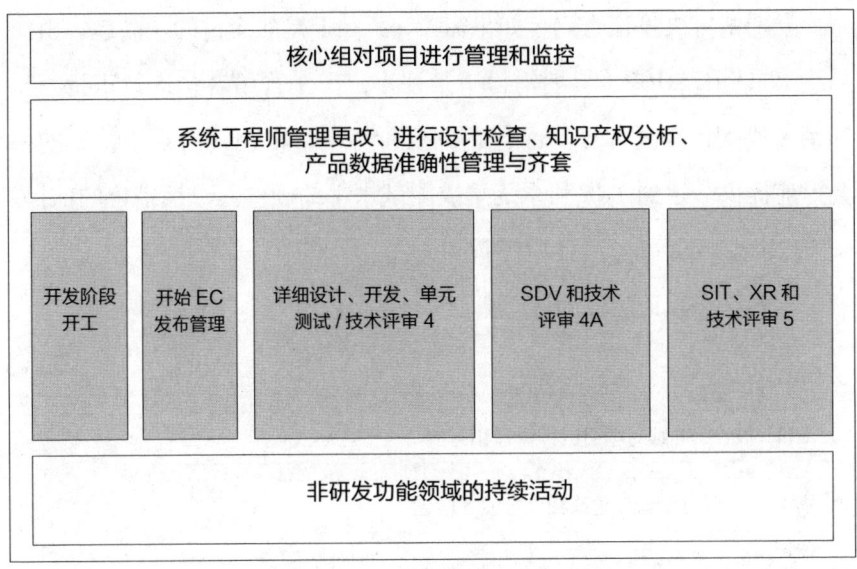

图 6-6 开发阶段的活动概要

EC：engineering change 的缩写，意为工程变更

XR：x review 的缩写，意为各种评审

四、验证阶段

验证阶段以成功完成内部测试和向制造发布为起点，包括进行硬件 / 软件压力测试，标准和规格的一致性测试，以及获得专业认证。验证阶段做好准备工作，这样在发布和 GA 时可以达到相应的产量。验证阶段退出的主要标准是成功进行技术评审 6。

可获得性决策评审点：产品线 IPMT 批准通过可获得性决策评审或终止项目或重新确定方向。可获得性决策评审要确保已做好发布产品包的准备，要对发货支持前景进行评估。可获得性决策评审是 GA 的前提。

早期销售决策检查点（如果需要）：对丁提前交付的产品包，由产品线 IPMT 在 EDCP（早期销售决策评审点）销售给客户进行审批。早期销售决策评审要保证产品包达到质量标准，以便针对某个特定的机会提前提供。达到 TR5 和系统集成测试水平的硬件是早期销售的前提。（基于对风险的评估，可以有例外）

图 6-7 为验证阶段的活动概要：

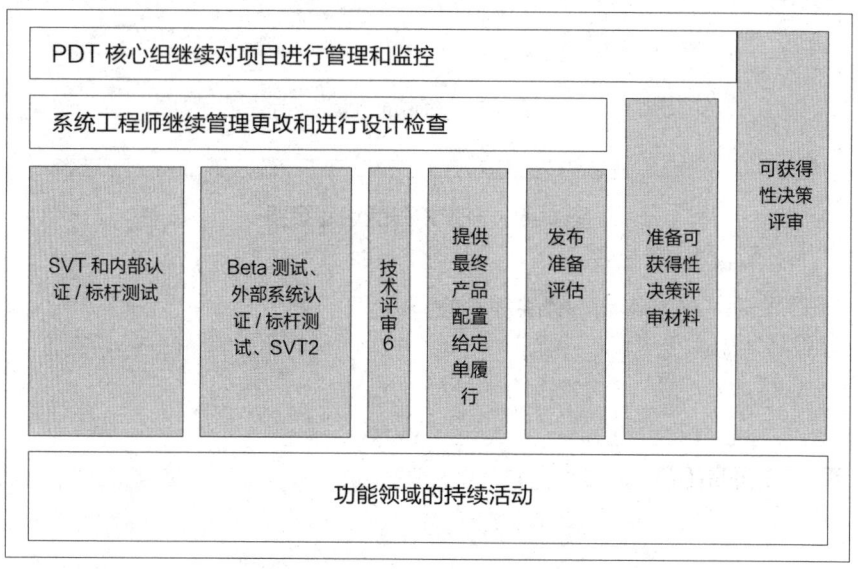

图 6-7　验证阶段的活动概要

SVT：system verification testing 的缩写，意为系统验证测试

五、发布阶段

发布阶段是以决定继续进入产品包发布和 GA 开始的。该阶段包括达到量产的准备、填充管道和制订最终的盈亏计划。

项目转交给 LMT 进行管理，一直到产品生命终止。产品包进入生命周期阶段。

图 6-8 为发布阶段的活动概要：

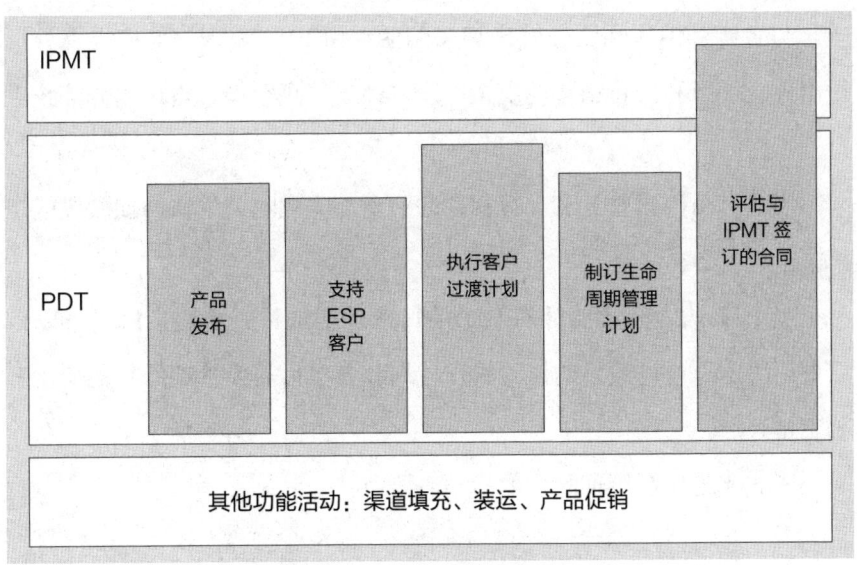

图 6-8　发布阶段的活动概要

ESP：early support program 的缩写，意为早期支持项目

六、生命周期阶段

生命周期阶段从 GA 开始，包括在产品生命周期内对产品包生产、营销或销售、服务的监控。根据生产、营销和 LMT 整体计划，在生命周期阶段会出现下列检查点：

停止生产（EOP）检查是生命周期阶段的正式评审，经产品线 IPMT 批准后，停止产品生产。

停止销售（EOM）检查是生命周期阶段的正式评审，经产品线IPMT批准后，停止产品销售。

停止服务与支持（EOS）检查是生命周期阶段的正式评审，经产品线IPMT批准后，退出产品的全部服务与支持。

与生产、销售和服务管理相关的活动由LMT处理，他们根据分析做出停止生产和停止销售的决策。既可以先停止销售，也可以先停止生产。

当所有与停止服务和支持相关的活动都完成时，生命周期阶段就结束了。

当PDT认为有必要针对某个项目额外增加检查点时，PDT可以自己做出决定，通过项目的风险管理计划和各项目需要管理的其他变化来确定检查点。

图6-9为生命周期阶段的活动概要：

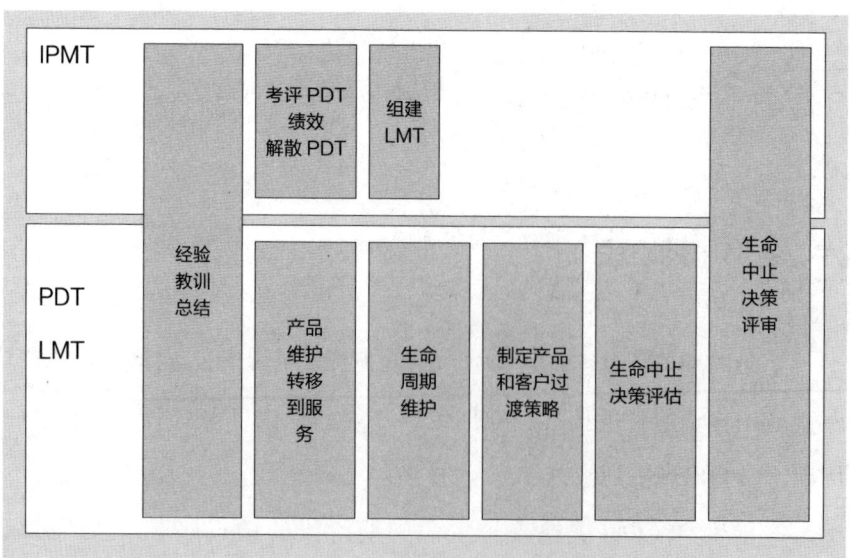

图6-9　生命周期阶段的活动概要

HUAWEI

第七章

华为的 IPD 变革

CHAPTER 7

为什么我们要认真推 IPD？我们就是在摆脱企业对个人的依赖，使要做的事，从输入到输出，直接端到端，简洁并控制有效地连通，尽可能地减少层级，使成本最低、效率最高。就这么简单，一句话。

——任正非

第一节　实施 IPD 流程能给企业带来什么

　　IPD 是一种领先的、成熟的产品开发管理思想和管理模式。它是根据大量成功的产品开发管理实践总结出来，并被大量实践证明的高效的产品开发模式。它不应该被理解为仅用于研发系统内部，而是公司各部门人员都要投身其中。IPD 变革的核心是要形成由市场行销、研发系统、生产、用户服务、财务、采购等部门人员组成的贯穿整个产品业务流程的管理模式，即从客户需求、概念形成、产品研究开发、产品发布等，一直到产品生命周期管理的完整过程。

　　在美国，众多著名企业纷纷实施 IPD，以提升创新能力。在中国，华为从 1998 年率先引进并实施 IPD，使产品创新能力和企业竞争力获得大幅度提升。目前，国内 IPD 实践涉及电子、通信、软件、自动化、集成电路、机电设备、材料、卷烟等众多行业，均取得了一定成效。

　　IBM 实施 IPD 三年之后，产品开发流程得到了重大改善，多项指标被刷新：

　　高端产品上市时间从 70 个月减少到 20 个月，中端产品上市时间从 50 个月减少到 10 个月，低端产品上市时间少于 6 个月；

　　研发费用占总收入的百分比从 12% 减少到 6%；

　　研发损失从起初的 25% 减少到 6%；

产品质量得到提高，人均产出率大幅度提高，产品成本降低。

根据国际著名 PRTM 咨询公司的分析，成功进行 IPD 变革给企业带来的好处如下：

产品上市时间缩短 40% ~ 60%；

产品开发浪费减少 50% ~ 80%；

产品开发生产能力提高 25% ~ 30%；

新产品收益（占全部收益的百分比）增加 100%。

就产品而言，建立基于市场和客户需求驱动的集成产品开发流程，将产品开发作为一项投资来管理，企业可以更有效地管理产品开发和新产品，达到加快对市场的反应速度，缩短开发周期，减少报废项目，减少开发成本，提高产品的稳定性、可生产性、可维护性的目的。简而言之，成功进行 IPD 变革可为企业产品带来如下好处：

多：收益多——销售额 / 销售收入、利润 / 利润率、新产品收入贡献比（NPRC）、核心技术 / 专利数。

快：开发快——TTM[①]/ TTP[②]。

好：质量好——客户满意度、缺陷率 / 返修率。

省：运作成本低——管道效率、开发费用。

通过 IPD 变革，对公司整体价值创造核心过程进行重整，使产品开发更加关注市场竞争的需要，建立规范的结构化开发过程，并且通过改善过程管理，采用合适的 IT 工具与系统，逐步建立完善的文档与产品数据管理模式，使整个开发过程更加高效。成功进行 IPD 变革可为企业

[①] TTM: time to market 的缩写，指产品从立项到首次上市的时间，它体现了产品开发的周期，可以与同行进行比较，对比整体开发体系运作的效率。

[②] TTP: time to profit 的缩写，指产品从立项到首次达到盈亏平衡点的时间，它从投资的角度体现资金回收的周期，反映的是产品开发投资的效益。

组织带来如下好处：

第一，基于主业务流的持续改进。

统一了做事的方法与基线，并持续改进以达到最优。

形成了支持产品商业成功的运作保障体系：用统一的理念、方法做事，大幅度降低沟通与协同成本，避免无效的返工，一次性把事情做好；整个开发过程可视、可控，便于管控；强调为结果负责，因此流程必须是端到端的流程，IPD 就是一套端到端的流程体系。

有利于培养人才：基于流程中对角色的明确要求，可培养一批高素质的专业人才，如产品经理、项目经理、系统工程师等。

第二，核心技术、核心能力的沉淀和复用。可系统性、规范化的积淀智力资产，而不是任由其留在个别人的脑海中、少数人的硬盘里或被淹没于无序的文档中。

第二节 华为为什么从 IBM 引入 IPD

一、华为遇到了 IBM 经历过的研发管理问题

1997 年，任正非到美国考察时访问 IBM，谈到了公司在研发管理方面存在的问题和困惑。随着公司规模的迅速扩大，华为的产品线越来越长，但是研发效率、产品质量与响应速度等方面的问题越来越多，集

中表现在以下方面：

第一，串行研发导致开发周期很长，产品研发被动地响应市场需求且缺乏整体规划，导致维护成本很高，影响了客户的满意度；

第二，研发部门重视技术与功能的开发，对产品的可靠性与稳定性的重视不够，产品研发人员闭门造车，脱离客户需求，研发浪费十分严重；

第三，产品交付质量不稳定，频发的售后服务问题冲击了研发节奏，影响了商品利润；

第四，严重依赖"英雄"，成功难以复制，"部门墙"较厚，组织能力较弱；

第五，缺乏结构化端到端的流程，运作过程割裂，内耗严重等。

1997年，华为研发费用浪费比例和产品开发周期是业界最佳水平的两倍以上。华为的销售额虽然连年增长，但产品的毛利率却逐年下降，人均效益只有思科、IBM等企业的六分之一至三分之一。

二、IBM 有效地解决了自身遇到的研发管理问题

IBM 的高管介绍说，IBM 在发展过程中也面临过同样的问题，这些问题几乎导致 IBM 破产。IBM 创立于 1896 年，1981 年推出世界上第一台个人电脑，经过几年的快速发展，1987 年的股票总市值达 1060 亿美元，超过福特汽车公司。取得巨大成功的 IBM 逐渐开始走向保守、僵化和自负，在 1990—1993 年连续亏损，仅 1993 年就亏损了 81 亿美元，打破了美国公司一年亏损最多的历史记录。

1993 年，郭士纳（Louis V. Gerstner）临危受命，通过大刀阔斧的

改革让 IBM 起死回生，建立了"以客户为中心"的企业文化，以绩效和流程标准为主导的决策机制；采用 IPD 研发管理模式，缩短产品上市时间并提高利润等。很快，郭士纳的改革呈现出卓越的成效，IBM 在 1994 年盈利 30 亿美元，1997 年营业收入高达 785 亿美元，重造辉煌。IBM 在 PACE 的基础上，结合公司的实际情况，解决了研发与创新管理问题，并总结出了 IPD。

三、向 IBM 学习，华为才能成为像 IBM 那样的国际性的大公司

任正非指出，华为的目标是成为国际性的大公司。IBM 是年营业收入近 1000 亿美元的百年企业，其成功经验非常值得华为学习。华为只有学习这些大公司，才能成为大公司。只有学习 IBM，才有可能成为 IBM，甚至超越 IBM。任正非曾当着 IBM 顾问的面说，华为学习 IBM 的目的就是要超越 IBM 这个老师，只有超越了 IBM 这个老师，才能证明华为真正学会了 IBM 的方法；只有超越了 IBM 这个老师，才能证明 IBM 的方法是真正有价值的。

"我们在 IBM 整整听了一天的管理介绍，对他们的管理模型十分欣赏，包括项目从预研到寿命终结的投资评审、综合管理、结构性项目开发、决策模型、筛选管道、异步开发、部门交叉职能分组、经理角色、资源流程管理、评分模型……从早上一直听到傍晚，我身体不好，但不觉得累，听得津津有味。后来我发现朗讯也是这么管理的，都源自美国哈佛大学等著名大学的一些管理著述。

"圣诞节美国万家灯火，我们却在硅谷的一家小旅馆里，点燃壁炉，三天没有出门，开了一个工作会议，消化了我们访问时做的笔记，整理

出一厚沓简报准备带回国内传达。我们只有认真向这些大公司学习，才会使自己少走弯路，少交学费。

"IBM 作为巨无霸一直处于优越的产业地位，由于个人电脑及网络技术的发展，严重地打击了它赖以生存的大型机市场。20 世纪 80 年代初期，IBM 处在盈利的顶峰，股票市值超过联邦德国股票之和，也成为世界上有史以来盈利最多的公司。13 年后，它发现自己危机重重，才痛下决心，实行改革……冗员、官僚主义，使之困难重重。聪明人十分多，主意十分多，产品线又多又长，集中不了投资优势。又以年度做计划，反应速度不快。管理混乱，几乎令 IBM 解体。华为会不会盲目乐观，也导致困难重重呢？

"1993 年年初，当郭士纳以首位非 IBM 内部晋升人士出任 IBM 总裁时，提出了四项主张：1.保持技术领先；2.以客户的价值观为导向，按对象组建营销部门，针对不同行业提供全套解决方案；3.强化服务，追求客户满意度；4.集中精力在网络类电子商务产品上发挥 IBM 的规模优势。

"历时 5 年，IBM 裁了 15 万职工（其中因裁员方法不当，也走了不少优秀的人才）；销售额增长了 100 亿，达 750 亿美元；股票市值增长了 4 倍。

"听了一天的管理介绍，华为对 IBM 这样的大公司的管理制度的规范、灵活、响应速度有了新的认识，对这样一个庞然大物的有效管理有了了解，对我们的成长少走弯路有了新的启发。华为的官僚化虽还不重，但是苗头已经不少。企业缩小规模就会失去竞争力；扩大规模，若不能有效管理，又面临'死亡'。管理是内部因素，是可以努力的；规模小，面对的都是外部因素，是客观规律，是难以以人的意志为转移的，它必然抗不住风暴。因此，我们只有加强管理与服务，在这条不归路上才有生存的基础。这就是华为要走规模化、搞活内部动力机制、加强管理与服务的战略出发点。

"在扩张的过程中，管理不善也是非常严重的问题，华为一直想了解世界大公司是如何管理的，有幸 IBM 给了我们真诚的介绍。回公司又在高层进行了两天的传达与研讨，这 100 多页简报激起了新的改革火花。"[①]

四、华为做的是长线产品，需要系统、规范、有效和高效的研发与创新管理体系才能保证企业持续成功创新

从主观上讲，做长线产品周期长、投入大、参与的人多、管理复杂，需要系统的研发管理方法作指导；从客观上讲，华为与国际巨头还不在相同等级上，市场竞争非常激烈，没有时间给华为慢慢摸索研发管理方法。

"如果是短线领域的产品呢？无所谓，搞几个人做做，什么 IPD 也没有必要，就咱们几个说了算；什么文档也不需要，就全记到我们的脑子里。短线领域的产品我们是可以做到的，但是长线领域的产品不行。

"要缩短研发周期，加强资源配置密度。加强资源配置密度就是有非常多的人同时作业，比如说几千人、几万人同时编辑一个软件。这个作业就跟打仗一样，炮弹什么时候打，飞机什么时候出动，这个时候的整体行动是很复杂的。可不要把炮弹都打到自己脑袋上，仗可不是这么打的。

---

①风影横窗瘦. 任正非：我们向美国人民学习什么 [EB/OL].（2016-12-06）[2017-09-10]. http://xinsheng.huawei.com/cn/index.php?app=forum&mod=Detail&act=index&id=3283471&search_result=2.

"如果在这个大规模、综合性的战争中没有良好的管理方法，我们不仅没有效率而且浪费资源。有人说浪费就浪费一点嘛，但浪费是以死亡为代价的。在战争中，如果说这个总参谋部没有非常严谨的作战方案和部署的话，那么我肯定这场战役是失败的。这个失败在过去可能意味着一个王朝的灭亡。

"对于华为公司来说，如果我们也老是失败，有很多资源可供失败是没有问题的，但现在是我们没有很多资源；也可能失败一次可以爬起来，失败两次还可以爬起来，但是连续失败几百次，华为公司肯定会寿终正寝。"

第三节　华为的 IPD 变革之路

实际上，华为实施 IPD 经过了两个阶段。第一阶段从 1998 年年初开始，当时华为开始自己摸索实施 IPD，组织了项目组（成员主要是工商管理硕士），拿出了一套基于 IPD 的研发体系变革方案，并进行了推广实施。但这次 IPD 变革效果并不像人们预期的那样，基本上是一次失败的尝试。

1999 年年初，通过比较分析，华为正式决定花高价请 IBM 洋顾问来帮忙解决问题。项目启动之前，IBM 报价 4800 万美元（当时约 5.6 亿元人民币），相当于华为公司一年的利润！华为的财务总裁想砍价，任正非说:"你负责砍价,能否负责承担项目风险?"由于 IBM 是一口价,任正非只问一句话:"你们有信心把项目做好吗?"IBM 的代表沉思片刻,说能。于是,任正非拍板定了项目。加上实施与 IT 等费用,整个变革共计花了 20 亿元人民币。

根据 IBM 顾问的方法,华为的 IPD 项目分为关注、发明和推行三个阶段。在关注阶段,进行了大量的"松土"工作,即在调研诊断的基础上,进行反复的培训、研讨和沟通,使相关部门和人员真正理解 IPD 的思想和方法。发明阶段的主要任务是方案设计和选取三个试点 PDT,按 IPD 进行运作。推广阶段是逐步推进的,先在 50% 的项目中推广,然后扩大到 80% 的项目,最后推广到所有项目。

华为 1998 年 8 月启动调研,1999 年 4 月启动 IPD 体系建设,2001 年 7 月导入试点项目运行,IBM 顾问密集服务期持续了 27 个月。在此基础上,华为在项目实践的基础上,按照"先僵化,再固化,后优化"的方针,持续对业务体系进行变革和优化,一直到 2016 年推出"日落法",开始进入固化阶段。

一、系统诊断

经过半个多月的访谈,IBM 顾问对华为的研发与创新管理现状做出了全面的剖析与诊断,在 1998 年 9 月 20 日的报告会上提出了华为研发管理问题,包括:

缺乏准确、有前瞻性的客户需求关注,反复做无用功,浪费资源,造成高成本;

没有跨部门的结构化流程,各部门都有自己的流程,但部门流程之间是靠人工衔接，运作过程割裂；

组织上存在本位主义、"部门墙"，各自为政，造成内耗；

专业技能不足，作业不规范，依赖"英雄"，这些"英雄"的成功难以复制；

项目计划无效，项目实施混乱，无变更控制，版本泛滥；

…………

这些问题直接触到了华为的痛处，汇报会结束后，任正非庆幸地说："这次请IBM当老师请对了，华为就是要请这种敢跟我们叫板的顾问来做项目。"

二、采用"先僵化，再固化，后优化"的方法学习 IPD

任正非强调，华为在管理方面主要向IBM学习，先学会IBM的管理方法，再考虑学习其他的管理方法。面对研发部门和市场部门的排斥、抵触，1999年11月16日，任正非在IPD第一阶段总结汇报会上提出"先僵化，再固化，后优化"的变革方针，五年内不许任何改良，五年之后局部改动，十年以后才能结构性改动。他说："我们是要先买一双美国鞋，不合脚，就削足适履。"

三、组建一支强势团队学习和导入 IPD

任正非强调，一定要挑选沉得下心、责任心强的员工加入IPD团队，一定要踏踏实实、认认真真地学习，不要自以为是。IPD项目组成员要流动，每月评估一次项目组成员的胜任度，要将不理解、不认同IPD体系的人赶出项目组。他说："就IPD来说，学得明白就上岗，学不明白就撤掉，我们就是这个原则，否则我们无法整改。IPD关系到公司未来的生存与发展，各级组织、各级部门都要充分认识到它的重要性。华为要不断进行自我批判，抛弃一切可以抛弃的东西，虚心向业界最佳者学习。"他要求员工参加IPD项目全流程，试点小组中每个角色要有两个人，便于滚动推广。不要把IPD行为变成研发部门的行为，IPD是全流程的行为，各个部门都要到IPD里来。每个试点PDT的小组里面要增加两个财务人员、两个采购人员、两个生产计划人员……一个是观察员，一个是主要的小组成员，等PDT试点结束，要扩展到另外一个PDT的时候，那个主要的小组成员退出来，观察员承担主要职责，并再增加一个观察员。经过这样的不断滚动，可以让公司的所有中高层干部全部"滚动"参加一次实践。这也是对他们的前途负责的一次培训。

四、导入试点项目运行IPD

2000年5月17日，华为无线业务部大容量移动交换机VMSC①6.0产品作为IPD第一个试点，在IBM顾问的指导下，研发周期长达10个月，完成了首次试运行IPD流程。经过三个产品历时一年的试点，IPD流程的实施在华为达到了比较好的效果，产品研发总周期缩短了50%左右。2002年，所有新启动的项目都按照IPD流程来运作。基于IPD流程体系，在产品设计之初就引入市场、生产、用户服务、财务、采购

---

① VMSC: visited mobile-services switching centre 的缩写，意为访问移动交换中心。

等代表，给予他们同等的投票权和发言权。市场代表搜集客户信息形成产品概念。研发代表根据产品概念提出研发方案，估算研发周期、人员、所需仪器设备和所需原材料等信息。财务代表根据相关数据算出需投入的研发人员、仪器设备成本、制造成本、物料成本、产品生命周期销售额、利润等。用户服务代表、生产代表、采购代表、品质代表都需提出各自对产品的专业看法。所有的代表同意后，形成业务计划书，并提交给产品线 IPMT 评审。

五、IPD 在华为的推行并非一帆风顺

华为的 IPD 变革刚开始时，各个产品的研发在组织架构上已经基本形成了 PDT 的雏形，各种计划、文档、研发活动也是按 IPD 的模式进行的。但在这个时候，只有华为与 IBM 配合成立的 IPD 项目组里的人对 IPD 有较明确的理解。当时研发流程用的是所谓 IPD1.0，IPD 的实际效用没有完全发挥出来：公司内部只是在研发活动的称谓和重要文档的输出上模仿 IPD1.0 流程的规定；IPD 的核心组决策、IPMT 的决策评审等并没有被执行，只是在两个产品线上试点。这个过程持续到 2001 年。

2001 年，华为规定，公司内 30% 的产品线必须严格按照 IPD2.0 流程运作，其他产品线继续按照 IPD1.0 流程运行。

2002 年，华为规定，到年底所有产品线必须完全按照 IPD2.0 流程运作。此时，支撑 IPD 流程的相关人事制度、财务制度和绩效考核制度等都已建立起来。同时，华为公司从高层领导到基层产品开发管理者都对 IPD 的思想和流程有了比较清晰、深入的认识，因此已经具备全面推行 IPD 的客观条件。

2003 年，华为的 IPD 流程升级到了 3.0 版本。

六、持续优化 IPD

自 1999 年启动 IPD 变革以来，华为的 IPD 流程随着公司规模的扩大和管理需求的变化不断优化和改造，直到 2016 年推出"日落法"，华为的 IPD 流程才最终优化完成。

华为在 IBM 顾问的指导下实施 IPD 变革，最终打破了华为以部门为管理结构的模式，转向以业务流程为核心的管理模式。

任正非说："为什么我们要认真推 IPD？我们就是在摆脱企业对个人的依赖，使要做的事，从输入到输出，直接端到端，简洁并控制有效地连通，尽可能地减少层级，使成本最低、效率最高。就这么简单，一句话。要把可以规范化的管理都变成扳铁道道岔，使操作标准化、制度化。就像一条龙一样，不管如何舞动，其身躯内部所有关节的相互关系都不会改变。龙头就如 Marketing（市场管理部门），它不断地追寻客户需求，身体就随龙头不断摆动，因为身体内部所有的相互关系都不变化，使得管理简单、成本低。"

华为在保持一套流程体系、主干相同的前提下，末端高效、灵活、定制，具体业务各不相同，各业务线的流程已经成为业务的真实反映和有效指导。例如，终端产品最快三至四个月就完成，推出上市，既保证高质量和竞争力，又符合流程要求。

2016 年，华为的销售收入约 751 亿美元，海外收入占总收入的59%，在世界 500 强中排名第一百二十九；员工超过 17 万人，研发人员 8 万人；年销售收入的 14.6% 用于研发。

第四节　华为的 IPD 变革影响

华为的实践表明，实施 IPD 流程能够加快产品开发速度，缩短产品上市时间，降低产品开发的投资失败率，从而减少浪费，降低产品开发成本，增加收入，给客户提供价廉物美的产品。下面通过两个例子来说明华为实施 IPD 流程的成效：

一、IPD 在华为 3G 研发中的应用

1996 年，华为开始投入 3G 研发。当时，GSM（全球移动通信系统）主导的 2G 在中国方兴未艾，如何让这前途未卜的"赌博"成为可操控的"赌局"？ 1998 年，IPD 的推行使 3G 的研发有了一套相对有效的流程，使其更顺利地向既定目标迈进。进行 3G 研发的人马大都是 1998 年以后组织的，由于 3G 研发启动时间与推行 IPD 的时间差不多，与芯片等核心研发部门遇到大量老员工流失的阵痛相比，可以说 IPD 迅速成就了 3G。从开发流程来看，3G 起点高一些，面临的挣扎、转换痛苦小一些，它的既有研发组织没那么强，研发人员的适应情况比其他项目或部门的人员要好多了。华为的 3G 研发人员大多在上海，3G 的产品开发无时无刻不与 2G 产品产生联系，同时也在分享华为无线产品以外的成果。如此庞杂的系统协同——上海与深圳、全球五个研发中心，这个巨大的项目组早已超越了过去的组织实体。一名普通的芯片研究人员可以通过参与 3G 的某个 TDT 而加入 3G 项目，在某个细分小组会议

上，针对分解下来的任务包阐述自己的观点，同时受到财务等环节的可行性约束；与此同时，他还在参与另外一个或多个光传输、交换机等项目——这就是 IPD 的魅力。

二、华为 3Com 的 IPD 实践

华为与美国 3Com 公司成立的合资企业华为 3Com 也应用了 IPD。实施 IPD 流程大大增强了华为 3Com 产品开发的可控制性，使最后进入开发阶段的产品都是健康和明确的，在产品设计之初就体现出质量、成本、可制造性和可服务性等方面的优势。

IPD 在华为 3G 研发和华为 3Com 的实际应用表明，实施 IPD 流程有利于缩短产品上市时间、降低产品开发费用、提高产品的稳定性和竞争性等。据统计，实施 IPD 流程后，华为 3Com 产品的开发周期缩短了50%，产品的不稳定性降低了三分之二。可以说，IPD 流程为快速、优质地满足客户需求提供了有力的保障。

总的来说，华为实行 IPD 变革之后，逐渐建立起世界级的研发管理体系，形成了世界级的研发能力，优化了公司的整体运行流程，取得了明显成效。

回顾通信企业的自主创新发展，一般有四个阶段：第一阶段，引进并消化成熟技术；第二阶段，少部分应用类创新，并通过快速的市场拓展积累实力；第三阶段，形成自主创新体系，在国际标准组织逐步扩大话语权，与国际企业实现专利共享和相互授权；第四阶段，核心技术自主创新，成为行业创新的主导力量。华为现在已经到了第四阶段，在这

个过程中，华为的 IPD 流程不断深化，细化到每个业务体系和业务模块，而且持续优化和变革，逐渐打通跨体系的端到端的业务流程。

IBM 不仅给华为带来了规范的 IPD 流程体系，还带来了知识分享的企业文化。研发的 IT 求助系统和经验库的建设，为新手快速求助和学习提供了保障，以便尽快胜任工作。在基层实现层通过大量的范本、规范和操作指导书，业务运作是格式化、规范化的方法通过电子流运转，保证业务信息在端到端的流程里贯通，"上游""下游"的工作和理解一致，建立了完整的知识结构体系，从整体上大大提升了公司的运作效率。正如任正非所说："IPD 可以大大提高效率，这种规范化、格式化的东西几十年后还可以找到，还可以发现它是补在哪件衣服上的，把补丁截下来用丝绸接上去，就变成二十年以后的机器，所以它实际上就是规范化的方法。"

任正非认为，实行 IPD 变革对华为最大的影响是改变了华为的研发理念，将其由技术导向转变为客户需求导向。他说："回想华为公司到现在为止所犯过的错误，我们怎样认识 IPD 的价值？我说，IPD 最根本的是使营销方法发生了改变。我们以前做产品时，只管自己做，做完了向客户推销，说产品如何好。这种我们做什么客户就买什么的模式在需求旺盛的时候是可行的，我们也习惯于这种模式。但是现在形势发生了变化，如果我们埋头做出'好东西'，然后再推销给客户，那东西就卖不出去。因此，我们要真正认识到客户需求导向是企业生存发展的一条非常正确的道路。从本质上讲，IPD 是研究方法、适应模式、战略决策的模式改变，我们坚持走这一条路是正确的。"

参考文献

REFERENCES

[1] 迈克尔·E.麦格拉思.培思的力量：产品及周期优化法在产品开发中的应用 [M].徐智群，朱战备，译.上海：上海科学技术出版社，2004.

[2] 吴春波.华为没有秘密 [M].北京：中信出版社，2014.

[3] 田涛，吴春波.下一个倒下的会不会是华为 [M].北京：中信出版社，2012.

[4] 彭剑锋，王黎广.思科：互联网帝国 [M].北京：机械工业出版社，2010.

[5] 亨利·明茨伯格，布鲁斯·阿尔斯特兰德，约瑟夫·兰佩尔.战略历程：穿越战略管理旷野的指南 [M].魏江，译.北京：机械工业出版社，2012.